검은질투심

The original German title : Vom sinn des Neids.
Was das schlechte Gefuhl uns wirklich sagt
by Sigrid Engelbrecht
Copyright ⓒ 2011 Orell Fuessli Verlag AG, Zuerich, Switzerland
All rights reserved
Korean translation copyright ⓒ 2025 by FANDOMBOOKS.
Korean translation copyright arranged with Orell Fuessli Verlag AG
through Book Seventeen Agency, Seoul, Korea

이 책의 한국어판 저작권은 북세븐틴 에이전시를 통한 Orell Fuessli Verlag AG사와의 독점 계약으로
한국어 판권을 팬덤북스가 소유합니다.
저작권법에 의하여 한국 내에서 보호를 받는 저작물이므로 무단 전재와 복제를 금합니다.

검은 질투심

초판 1쇄 인쇄 2025년 11월 22일
초판 1쇄 발행 2025년 11월 29일

지은이 지그리트 엥겔브레히트
옮긴이 이동준 · 나유신
펴낸이 박세현
펴낸곳 팬덤북스

기획 편집 곽병완
디자인 김민주
마케팅 전창열
SNS 홍보 신현아

주소 (우)14557 경기도 부천시 조마루로 385번길 92 부천테크노밸리유1센터 1110호
전화 070-8821-4312 | **팩스** 02-6008-4318
이메일 fandombooks@naver.com
블로그 http://blog.naver.com/fandombooks

출판등록 2009년 7월 9일(제386-251002009000081호)

ISBN 979-11-6169-371-2 03180

* 이 책은 저작권법에 따라 보호받는 저작물이므로 무단전재와 무단복제를 금지하며,
  이 책 내용의 전부 또는 일부를 이용하려면 반드시 출판사 동의를 받아야 합니다.
* 책값은 뒤표지에 있습니다.
* 잘못된 책은 구입처에서 바꿔드립니다.

검은질투심

프롤로그

우리는 질투에서 해방될 수 있을까?

'질투'의 뜻을 모르는 사람은 아무도 없다. 다만 질투라는 두 글자는 사람에 따라 전혀 다른 의미를 지니게 된다. 사람들은 '질투'란 말을 들으면 제일 먼저 무슨 생각을 할까? '저 사람은 질투심이 많아'라고 말할 때 우리가 정작 하고 싶은 얘기는 무엇일까?

만약 누군가 당신을 질투심이 많은 사람 취급을 하면 어떤 기분이 드는가. 질투라는 단어가 유발시키는 감정은 무엇일까. 질투심에 대해 말할 때 우리는 어떤 상상, 기억, 확신을 지니게 될까. 만일 여러분이 사람들의 부러움을 사는 사람이 되고 싶다면 그 이유는 무엇이며, 반대로 남들의 부러움을 사는 것이 싫다면 왜 그럴까?

어쩌면 이 책을 읽고 있는 당신은 이런 주제에 전혀 관심이 없어서 남들이 날 부러워하건 시샘 가득한 눈초리로 쳐다보건 상관없을지도 모르겠다. 그렇다면 정말로 사람들이 당신을 질투심이 많은 사람이라고 말해도 아무렇지 않을까? 아니면 잘못된 판단이라고 상대를 설득할까?

질투는 상당히 흥미로운 주제인 동시에 감정적인 문제이다. 질투심은 다른 여러 가지 상황을 촉발시키는 역할도 하지만, 한편으로는 지극히 진부하고 일상적인 현상이다.

나는 질투라는 감정의 속성을 철저히 파헤쳐 보고, 어째서 질투라는 감정이 성공의 열쇠 역할을 하는지에 대해 이야기할 것이다. 질투의 문화적 뿌리와 질투심이 역사적으로 어떻게 발전하고 변화되어 왔는지를 살펴볼 것이다. 질투와 불쾌함이 드러나는 다양한 모습에 대해서도 설명할 것이다. 성격 테스트를 통해 질투라는 감정에 어떤 반응을 보이는지 확인하는 과정도 거칠 것이다.

대부분의 사람들은 분노 지수가 급격하게 상승하면서 질투심이라는 경고등이 켜지는 특정 시점이 있다. 자신도 그 이유를 모르는 경우가 많은데, 책에 실린 다양한 테스트를 통해 그 지점을 스스로 찾게 될 것이다. 그 지점을 정확히 파악하고 받아들일 때 비로소 지금까지 알지 못했던 사실들을 깨닫는다. 질투라는 감정을 목적에 부합하도록 조절하여 자기 계발에도 활용할 수 있다.

중요한 점은 본인의 특성과 사고 유형을 시험해 보고 고유한 재능이나 선호도를 의식함으로써 인생에서 정말로 소중한 것이 무엇인지 깨닫는 데 있다. 그러면서 각자가 체득한 방식으로 타인에 대한 질투심으로부터 자신을 해방시키고 인생에 대한 만족감을 높여야 한다.

 이 책은 여러분이 그렇게 되도록 만들어 주는 인생의 나침반 역할을 할 것이다. 책의 마지막 장을 덮을 때쯤이면 질투심이 폭발했던 근본적인 원인을 깨닫는 것은 물론, 만족스러운 인생을 향해 한 걸음 더 다가서 있는 자신을 보게 될 것이다.

지그리트 엥겔브레허트

차례

프롤로그
우리는 질투에서 해발될 수 있을까?　　　　　　　　004

Chapter 1 질투란 무엇인가?

01. 질투란 대체 무엇인가?　　　　　　　　017
- 질투는 언제, 어디서나 존재한다　　　　　018
- 질투심이 가진 천의 얼굴　　　　　　　　021
- 무엇을 질투하는가?　　　　　　　　　　023

02. 질투심의 뒷배경　　　　　　　　　　　025
- 질투심을 촉발하는 요소들　　　　　　　026
- 질투의 두 얼굴, 야누스　　　　　　　　029
- 비교하지 않으면 질투도 하지 않는다　　031

03. 어떤 사람이 질투의 대상이 되는가?　　034
- 질투심이 경제를 돌게 만든다?　　　　　035
- 질투는 가까운 곳에서 일어난다　　　　036
- 우리가 질투하는 것은 따로 있다　　　　039
- 질투심의 경계　　　　　　　　　　　　041
- 질투의 대상이 되는 기쁨과 부담에 관하여　042
- 내 안에 숨어 있는 작은 위선　　　　　　043
- 타인의 질투가 사회적 인정이라는 착각　045

Chapter 2 질투심은 어떻게 나타나는가?

01. 질투의 문화적 뿌리와 의미는 무엇인가?   051
- 질투에 관한 오래된 생각   052
- 모든 종교에서 낙인찍는 질투   055
- 동화 속 질투   056
- 심리학적 관점의 질투   057

02. 남자와 여자는 질투하는 방법도 다르다?   064

03. 질투 뒤에는 무엇이 따라오는가?   068
- 타인의 불행을 기뻐하는 고약한 마음   068
- 복수   070
- 냉소주의   072
- 탐욕   073

04. 질투심과 시기심의 차이는 무엇인가?   075

05. 정의의 딜레마   077

Chapter 3 질투심에 관한 솔직한 문답

01. 우리는 타인에게 얼마나 관대할까?   085
- 질투심 테스트   086

Chapter 4 질투의 원인과 결과는 무엇인가?

01. 질투, 타고난 것인가? 후천적인 것인가?   107
- 질투는 본능이다   108
- 머릿속 영화와 감독   109
- '나-의식' 대 '우리-의식'   111
- 질투의 비극   115

02. 질투를 부르는 비교   118
- 비교할 때 일어나는 일들   119
- 이상적 자아와 현실 자아의 핑퐁 게임   121

03. 우리 몸은 질투에 어떻게 반응할까?   125
- 질투와 뇌   126
- 질투는 스트레스다   127
- 신체 내장 기관의 언어   130

04. 질투에서 벗어나기 위해 흔히 쓰는 전략   132
- "내가 너의 좋았던 기분을 망쳐 주지"   132
- "너를 통해 내 열등감을 만회하겠어"   134
- "저는 아니에요. 저 사람이 그랬어요"   135
- "더 이상 쳐다보지 않겠어"   136

05. 질투, 행동을 부르는 추동력   138
- 질투가 당신에게 보내는 메시지   138

Chapter 5 질투는 어떻게 긍정적인 힘이 되는가?

01. 질투심 인정하기   147
- 우리에게는 모든 감정이 다 중요하다   148
- 질투 감지하기   149
- 질투심 인지하기   152
- 질투에 숨겨진 의미   154
- 우리 머릿속에서 일어나는 일   155
- 전체 그림 보기   158
- 가끔은 너무 비싼 대가   162
- 비교를 대하는 바른 자세   164
- 질투, 고백해도 괜찮을까?   166

02. 태도와 가치 체계 바꾸기   170
- 가치 체계 발견하기   172
- 가치 체계는 상대적이다   175
- 사고와 감정의 회전목마   178
- 우울형 질투의 화두 : 자기 회의   179
- 적대형 질투의 화두 : 분노   183
- 감탄형 질투의 화두 : 자기 인정   186
- 자신을 갉아먹는 생각 허물기   189
- 저항 현상은 정상이다   198

03. 롤 모델에게서 배우기   200
- 추정하기   201
- 롤 모델과 역할 놀이   204
- 창의력으로서의 역할 놀이   205

Chapter 6 질투는 없애고 기쁨은 늘리고

01. 당신은 행복하기 위해 무엇이 필요한가?   213
- 자신의 삶을 바라보는 시각   214
- 질투 뒤에 숨어 있는 것   217
- 어쩌면 그것은 갈망   219
- 진정한 욕구에 조금만 더 가까이   221
- 창조적인 삶을 위한 새로운 관점   223
- 언제 멈춰야 하는지 알기   225

02. 질투심 극복을 위한 열쇠 : 자기 인정   230
- 자아상 바꾸기   231
- 자기만의 평가 기준 세우기   236

03. 자기 약점, 한계와 화해하기   242
- 분노, 슬픔, 두려움   243
- 상처의 흉터를 그대로 두기   246

04. 속상함, 원한, 실망 벗어 버리기   249
- 원한에서 해방되기   250
- 왜 용서를 하면 자유로워지는가?   252

Chapter 7 나만의 길

01. 능력과 잠재성을 인식하고 강화하기   261
- 성공 리스트   262
- 성격적 감정과 특성 발견하기   265
- 자신이 가진 전문 능력 살펴보기   266
- 외부의 시각   268
- 강점을 더 강하게   269

02. 목표 설정하기   272
- 행복을 만드는 목표 찾기   273
- 자신만의 목표 발견하기   275
- 목표를 시각적으로 형상화하기   277

03. 행복, 평온, 만족을 향해 다가가기   279
- 목표점으로 이끄는 간략한 지도   280
- 수첩에서 성공 기록부로   281

도공에게 불평을 털어놓는 사람은 도공이고, 목수는 목수에게 투덜거린다.
거지는 거지를 질투하고, 가수에게 질투심을 느끼는 사람은 가수이다.
- 헤시오도스

Chapter 1

질투란 무엇인가?

01
질투란 대체 무엇인가

질투심은 자기 자신에게, 혹은 타인에게 가장 고백하기 싫은 감정 가운데 하나이다. 대부분의 사람들은 이기심이나 무심함, 공격성에 대한 비난이 질투한다는 말을 듣거나 그 사실을 인정하는 것보다 낫다고 생각한다. 자신들의 행동이나 사고를 설명하면서 그 동기가 질투심이었다고 말하는 것은 어느 누구도 좋아하지 않는다. 그러면서도 다른 사람이 한 행동에 대해서는 질투심 때문이라고 거리낌 없이 말한다.

왜 그런 것일까? 우리는 왜 질투심을 느낀다는 사실을 인정하기가 그토록 어려울까? 질투심을 반드시 버려야 하는 수치스러운 감정이라고 생각하게 된 이유라도 있을까? 사실 질투는 드물거나 기괴한 현상이 아니다. 질투라는 단어 역시 복잡한 설명이 필요할 만큼 철학적이고 추상적인 용어도 아니다. 질투심은 일상에 존재하며, 정치적 혹은 사회적 담화 속에서 흔하게 등장하는 슬로건 Slogan 이다. '질투의 문화', '질투 논쟁'이라는 개념은 우리 사회에서 아주 흔하며, 부의 불평등한 재분배에 대한 반응과 연결되기도 한다.

질투는 언제, 어디서나 존재한다

우리는 살면서 다양한 형태의 질투심과 맞닥뜨리게 된다. 친구, 가족, 부부 관계 혹은 잘 모르는 낯선 사람들과의 관계를 포함한 모든 인간관계는 질투와 혐오심으로 각인되기 마련이다. 개인과 집단, 각종 기관, 특정 정당들의 관계는 물론 국민들 사이에도 이런 감정들이 존재한다. 형제자매 사이에도, 부모 자식 사이에도 질투심은 존재한다. 부부 사이는 물론 동료들 사이, 심지어 창구 앞에 길게 늘어서 있는 낯선 사람들 사이에도 질투심은 존재한다. 가까운 예로 세련된 차림으로 한껏 멋을 낸 자신을 보고 표정 관리가 되지 않는 동료나 친구를 본 적이 있을 것이다.

어린아이라고 해서 예외는 아니다. 순수한 아이들 역시 질투심에서 자유롭지 못하다. 동생이라도 태어나 부모의 관심 밖으로 밀리면 견디지 못하고 질투한다. 놀이터에서 근사한 불도저를 가지고 모래 장난을 치는 친구에게도 질투심을 느낀다. 그뿐이 아니다. 새 옷이나 특별한 액세서리 하나도 어린아이들 사이에서는 신분을 상징하는 동시에 주목을 받게 만든다.

질투심을 느끼는 주된 동기는 주관적 인상에 의한 경우와 손해를 입었을 경우, 누군가에게 뒤처진 경우이다. 사람들은 자신의 존재가 충분히 드러나지 못할 때, 자신이 다른 사람만큼 많은 걸 갖지 못할 때 질투심을 느낀다. 거칠게 표현하자면 질투심은 나보다 더 많은 걸 가졌거나 그럴 수 있는 사람에 대한 불만, 열등감, 분노가 뒤섞인 미묘한 감정이다.

1991년판 브로크하우스Brockhaus 대백과사전은 질투심을 '타인이 잘되는 모습을 보면서 느끼게 되는 불쾌감에서 증오에까지 이르는 마음'이라고 정의하고 있다. 독일어로 질투Neid 는 'nid'라는 고어에서 유래했다. 이 단어는 '노력'에서 '열중', '증오', '원한', 심지어 '적대적 감정'에 이르기까지 상당히 다양한 뜻을 지니고 있다.

사람들은 대개 질투심이 강하다는 말을 듣지 않으려고 자신을 방어한다. 공격적인 성향이나 인색함, 거만함이나 나태함은 그런대로 봐줄 만하다고 생각하지만, 질투심은 쉽게 허용하지 못한다. 세상 어느 누구도 질투심 많은 사람 취급을 받고 싶어 하지 않는다. 질투심이 많은 사람은 음흉하고 교활하며 증오심에 불타오를 뿐 아니라 편협하고 고루한 사람으로 인식되기 때문이다.

"우리들은 죄의식이나 수치심, 비뚤어진 자부심은 물론, 심지어 탐욕스러웠던 순간들까지도 우리 자신의 에고Ego에 상처를 입히지 않으면서 시인할 수 있다."

미국의 인류학자인 조지 포스터George Foster의 말이다. 그는 이어서 말했다.

"하지만 악의적인 질투심, 그것만은 사회적으로 결코 수용되지도, 정당화되지도 못한다."

다시 말해 질투심은 사회적으로도 결코 바람직하지 못한 감정이다. 질투심과 연관된 감정들 역시 수치스럽고 고통스러운 경험으로 받아들인다. 본인에게는 물론이고 다른 사람에게 자신이 지닌 질투심을 드러내는 것은 결코 쉬운 일이 아니다. 질투심을 느끼고 있다고 시인하는 순간 왠지 모를 모멸감마저 느껴진다. 그래서인지 질투심에 대해 솔직하게 말하는 사람은 거의 없다.

질투에 대한 감정을 고백하는 순간 자신의 상당 부분이 노출된다. 질투심을 느낀다고 인정하는 순간 상대방과 경쟁 관계에 있단 사실을 시인하게 된다. 동시에 둘의 관계가 동등한 것이 아니라 자신이 열등한 위치에 놓여 있다고 느끼며, 그로 인해 신경 쓰인다는 사실마저 털어놓는 셈이 된다. 그러면서 인생에서 가장 중요하고 간절하게 원하는 것이 무엇인지가 자신도 모르게 만천하에 공개된다. 질투심이 드러나면 자신이 가지고 있는 것뿐만 아니라 자신이 어떤 사람인지, 어떤 능력이 있고, 결코 포기할 수 없는 것이 무엇인지를 다른 사람들이 알게 된다. 이런 경우 질투의 대상이 되는 사람은 자연히 방어적인 자세를 취하게 된다.

질투심이 가진 천의 얼굴

"넌 지금 질투하고 있는 거야."

이 말은 마치 사형 선고처럼 치명적이다. 이런 얘기를 들으면 사람들은 반사적으로 부인하거나 사실이 아님을 증명하기 위해 변명을 늘어놓는다. '사회적 질투', '먹잇감에 대한 질투', 프로이트의 시대에는 '남근 선망'이란 말도 있었다. 모두가 가치를 깎아내리는 표현들이며, 듣는 사람에게 모욕감을 주는 의미를 지니고 있다. 상대가 질투심을 느낀다고 비난하는 방식이 달갑지 않은 논쟁을 미연에 차단하는 데 효과적인 이유도 바로 그 때문이다.

질투심을 드러내는 것만으로도 주변에서 부당한 대우를 받게 된다. 마치 질투하는 사람은 심리적으로 불안정하거나 성격

장애를 지녔다고 간주한다. 질투는 자신의 이름을 더럽히며, 비도덕적인 사람으로 몰고 가기도 한다. 반대로 다른 사람들의 질투심을 유발하는 것은 사회적으로 적절한 행위일 뿐 아니라, 심지어 고의적으로 그런 행동을 하기도 한다. 질투의 대상이 될 정도로 높은 자리에 오른 사람은 경쟁 사회에서는 오히려 존경의 대상이 된다.

거칠게 표현하자면 이런 것이다. 다른 사람들이 나를 질투하게 만드는 것은 괜찮다. 하지만 다른 사람을 질투하는 마음을 가져서는 안 된다. 설령 질투가 난다고 하더라도 겉으로 드러내는 것은 더더욱 안 될 일이다. 역설적인 이야기이긴 하지만 현실이 그렇다.

살면서 불만감, 열망, 열등감, 분노가 뒤섞인 미묘한 감정을 단 한 번도 느껴 보지 못한 사람은 거의 없다. 당연히 이런 감정이 미친 파장은 사람마다 각기 다르다. 대부분의 사람들에게 질투심은 지속적으로 발생하지만, 간혹 어쩌다 한 번씩 느끼는 사람도 있다. 질투심에도 여러 가지 형태가 있어서 어떤 질투심은 누구에게도 해가 되지 않는다. 반면 어떤 질투심은 질투를 느끼는 당사자의 마음을 너무나 상하게 한 나머지, 질투의 대상에게 해를 입히려는 마음까지 먹게 만든다. 형사 처벌을 받는 사람들의 경우 네 명에 한 명꼴로 질투심이 직간접적으로 큰 역할을 하는 것도 그 때문이다.

무엇을 질투하는가?

　대개 질투심을 유발하는 구체적 대상은 특정한 물건, 재능, 성격 같은 것들이다. 쉽게 질투심을 느끼는 사람이라고 해서 모든 것에 질투심을 느끼지는 않는다. 보통 우리는 일상 속에서 다른 사람의 소유물에 질투심을 느낀다. 이를테면 신형 자동차나 절친한 친구가 걸친 명품 브랜드의 옷, 이웃의 호화스러운 휴가에 질투한다. 질투의 표적은 무궁무진하다. 성공, 매력, 지성, 직업이나 지위, 젊음, 재능, 그들이 지닌 강점이나 만족감은 물론 사회적으로 인정받는다는 사실에도 질투심을 느낀다.

　자신에게 결핍된 부분과 간절히 원하는 부분은 밀접한 연관이 있다. 개인적으로 중요하게 여기는 가치가 있고, 일반적으로 우선시되는 가치도 있다. 직업적인 성공을 중요하게 생각하는 사람도 있지만, 타인에게 인정받는 것을 최우선 가치로 생각하는 사람도 있다. 높은 지위, 막대한 권력을 가장 원하는 사람들도 있다.

　한 사회에서 첨예한 논쟁을 일으키는 주제의 분석은 그곳에서 중시되는 가치가 무엇인지, 사람들이 가장 원하는 것이 무엇인지를 가늠하는 척도가 된다. 예를 들어 부와 명성, 미모, 학식 등은 일반적으로 통용되는 가치인 만큼 항상 치열한 경쟁이 벌어진다. 두각을 나타내는 사람은 선망의 대상이 되고, 그렇지 못한 사람은 질투를 한다.

광고가 노리는 점도 바로 이 부분이다. 광고는 사람들에게 다른 이들과 동등한 위치에 서기 위해 가져야 할 것, 할 수도 있거나 해야만 하는 것들을 끊임없이 암시한다. 특히 지위를 상징하는 물건이나 자신을 매력적으로 포장할 수 있는 물건들이 그렇다. 특정한 모델의 자동차, 노트북, 컴퓨터, 휴대전화나 최신 유행의 패션, 메이크업, 액세서리들은 주변 사람들의 감탄과 질투심을 야기한다. 그러면서 사람들로 하여금 같은 것을 소유하고야 말겠다는 충동을 불러일으킨다.

신분을 상징하는 소유물에 별 관심이 없는 사람이라고 해도 질투심에서 완전히 자유롭지만은 않다. 그들의 욕망은 전혀 다른 것들을 원할 뿐이다. 결혼 생활에 갇혀 있다고 생각하는 여자는 미혼인 친구가 누리는 자유를 부러워한다. 외롭다고 느끼는 사람에게는 서로를 사랑스럽게 바라보는 연인들의 눈빛이 질투심을 불러일으킨다. 단순한 육체적 욕구의 충족도 질투심을 불러일으키는 원인이 된다. 배고플 때 누군가 옆에서 밥 먹는 모습을 보거나, 피곤해서 미칠 것 같은데 옆의 동료는 활기차게 일하고 있으면 우리는 질투심을 느낀다. 세상에 질투의 대상이 되지 않는 것은 거의 없다. 질투의 대상이 되는 사람조차도 다른 사람의 무언가를 질투하기 마련이다.

02
질투의 뒷배경

질투심을 강화하거나 불러일으키는 요소, 억제 방법에 대한 경험적 연구들이 아직까지는 가시적인 성과를 내지 못하고 있다. 한 가지 분명한 것은 질투심이 우연히 발생했다가 저절로 사라지는 감정이 아니란 사실이다. 질투심은 특정 자극에 의해 발생한다. 특정 상황이나 물건, 사람, 타인의 행동 방식 등에 의해 자극을 받는다. 자신이 처한 현재 상황이나 타인에 대한 요구 사항, 사회적 환경 등이 질투심을 발생시키는 배경이 된다.

질투심을 촉발하는 요소들

질투심이 촉발되는 경우는 다음과 같다.

- 부당하게도 왠지 다른 사람이 나보다 우대받는 것 같을 때
  - 나보다 나은 대인 관계, 나보다 많은 정보, 민첩한 행동 등
- 최선을 다했음에도 불구하고 항상 2등밖에 하지 못할 때
- 다른 사람의 지위나 경제적 상황을 현실보다 과장해서 해석하여 그 사람의 상황을 이상화시킬 때
- 어려운 상황에 처해 있는데 해결 방법을 찾지 못했을 때
- 나보다 능력이 한참 모자란 것 같은 사람이 경쟁에서 이겼을 때
- 행운, 성공, 부와 명예 등이 무조건 내 편이어야 한다는 과도한 욕구를 지니고 있을 때
- 종종 무시를 당하거나 별 볼일 없는 사람 취급을 당할 때
- 다른 사람들이 받는 특혜를 나만 못 받는다고 느낄 때
- 왠지 나만 공동체에서 제대로 소속되어 있지 못하다는 인상을 받을 때
- 종종 스스로를 비판하거나 완벽주의를 지향할 경우
- 그동안 자신이 이룬 업적이나 성공의 가치는 무시하고 저지른 실수나 약점에 집중할 때

객관적으로 봐도 그렇지만 주관적으로 본인만 그렇게 느끼는 경우라 해도 마찬가지다. 부당한 대우를 받는다는 느낌이 들면 그런 대우를 받지 않는 사람에 대한 질투심은 더 크게 부풀려질 수밖에 없다. 특히 질투심은 다른 사람에게는 너무나 쉽게 주어지는 기회가 자신에게는 결코 주어지지 않는다고 느낄 때 심해진다.

에릭은 이웃에 사는 마틴을 질투한다. 마틴은 정원에 근사한 온실을 지어서 한겨울에도 온갖 식물을 키운다. 게다가 토스카나에 별장도 한 채 가지고 있다.
'도대체 그 많은 비용을 어떻게 다 감당하는 것일까?'
에릭은 그것이 너무나 궁금했다. 따지고 보면 마틴이 에릭보다 훨씬 더 나은 직업을 가지고 있는 것도 아니었다. 에릭은 마틴의 집을 볼 때마다 배가 살살 아파 오는 기분마저 들었다.
'저 녀석은 되고 난 안 되는 이유가 도대체 뭘까?'

마르쿠스는 잔뜩 화가 나 있다. 지난 몇 주 동안 그는 전시회 기획안을 만드느라 머리가 터지도록 고민했다. 그러면서 하나하나씩 기획안을 현실로 만들었다. 마침내 전시회 오픈 행사가 열렸는데, 자신의 이름은 살짝 언급된 반면 상사는 사방에서 칭찬과 축하 인사를 받았다.

'뭐야! 저 여자는 겨우 두어 번 내려와서 잠깐 살펴보고 간 것이 다였는데.'

마르쿠스는 속으로 생각한다.

'뻔뻔한 표정으로 혼자서 칭찬을 다 받아먹고 있잖아! 뭐 저런 파렴치한 인간이 다 있지? 왜 사람들에게 실제로 전시회를 준비한 사람은 나였다고 말하지 않지? 어디 두고 보자. 언제고 한번 호되게 당하는 날이 있을 테니까!'

실비아는 직장 동료인 에바가 하루에도 몇 번씩 떠드는 이야기에 더 이상 귀를 기울이지 않는다. 에바는 비즈니스 코치 과정을 이수한 것이 얼마나 큰 도움이 되는지, 그 덕에 미래에 대해 확실한 비전을 갖게 되었다는 이야기를 시간이 날 때마다 반복해서 떠든다. 실비아 역시 그 과정에 등록하고 싶어서 진지하게 알아보았다. 다만 워낙 유명한 학원이라 수강료가 너무 비싸 결국 엄두도 못 내고 포기할 수밖에 없었다.

'에바는 저런 수업도 들을 수 있는데, 왜 나에게는 그럴 돈이 없지? 그 강의를 들을 수 없다면 최소한 저 입이라도 좀 닥치게 만들 수는 없을까?'

잔뜩 화가 난 실비아는 마음속으로 말했다.

'그뿐만이 아냐. 어차피 난 다른 사람들보다 항상 뒤처져 있어. 난 그저 타고난 루저 Loser 일 뿐이야!'

질투심은 자신이 항상 불리한 입장에 처해 있다는 잘못된 믿음을 지닌 사람, 그래서 자긍심이 손상되었다고 믿는 사람들에게만 엄습할까? 그렇지 않다. 자신의 가치에 문제가 있다는 생각이 질투심의 배후라는 판단은 이미 진부해졌다. 물론 자신의 가치에 대한 문제들이 큰 역할을 한다고 생각할 수 있고, 실제로 그런 경우가 많기는 하다. 그렇다고 해서 순전히 이유가 그뿐이라고 축소하는 것은 너무 단순한 생각이다.

예를 들어 자신에게 큰 의미를 지닐 뻔했던 계획이 운명적 타격을 받아 실현되지 못하고 수포로 돌아가도 질투심이 일어날 수 있다. 우리가 꿈꾸던 무언가를 이미 가진 사람들에게도 질투심을 느낀다. 경쟁에서 이긴 승자에게 질투심을 느끼는 사람도 자신의 가치에 대해서는 아무런 문제점을 느끼지 않을 수 있다. 본인의 능력을 확신할 수 있다. 자신에 대해 확신이 있고 자신감 넘치는 사람 역시 특정 상황에서는 질투심을 갖는다. 결국 이 세상에 완벽한 인간은 없는 법이다.

질투의 두 얼굴, 야누스

질투심이 나타나는 모든 형태를 무조건 파괴적인 것으로 분류하고 나쁘게만 평가할 수는 없다. 불이익을 당했다는 모든 느낌이 곧 질투심을 의미하지도 않는다. 다른 사람보다 부족하거나, 덜 소유했거나, 능력이 부족하다는 느낌은 사회적 불평등의 단면을 드러낼 수 있다. 부정과 횡포를 환기시켜 정의를 위해 노력하게 만드는 동력으로 작용할 수도 있다.

특정 위치에 도달하고 싶어 하거나 어떤 물건을 소유하겠다는 적극적인 열망은 자신의 현재 상황을 바꾸려는 의지를 발휘하게 하는 추동력이 되기도 한다.

독일의 신문《디 차이트 Die Zeit》에는 작가 로자문드 필처 Rosamunde Pilcher 에 관한 기사가 실려 있다. 그는 만약 도리스 레싱 Doris Lessing 이라는 작가가 없었다면 자신은 결코 글을 쓰는 일을 시작하지 않았을 것이라고 말했다. 도리스 레싱의 소설을 읽으면서 말로 표현할 수 없는 질투심이 느껴져 자신도 소설을 쓰게 되었다는 것이다.

미국의 팝스타 마돈나 Madonna 도 과거에 바브라 스트라이샌드 Barbra Streisand 의 성공과 라이프 스타일을 부러워했다고 공공연하게 밝힌 바 있다. 바브라 스트라이샌드처럼 되고 싶었던 마돈나의 질투심은 자극제가 되었고, 그 덕에 성공이라는 꿈을 현실로 만들었다.

로자문드 필처와 마돈나의 경우 질투심이 공명심을 일깨웠다. 자신의 능력을 적극적으로 발휘하도록 동력의 구실을 한 것이다. 선망하는 대상을 따라 하거나 자신이 처한 사회적 상황을 개선하고, 소유물을 늘리려고 노력하다 보면 종종 자신도 몰랐던 능력이 발휘되기도 한다.

아무리 노력해도 성과는 보이지 않고, 자신과 질투의 대상 사이에 오히려 간극만 더 벌어지면 질투의 방향이 바뀌기도 한다. 일찌감치 희망을 버리고 포기하거나, '다른 사람이 가졌으니 나도 가져야 한다'는 생각에서 '내가 가질 수 없다면 다른 사람도 가져서는 안 된다'로 바뀌기도 한다. 질투심으로 불타오르는 사람은 이때부터 대상을 차지하려던 노력을 멈춘다. 상대방도 질투의 대상이 되는 것을 차지하지 못하게 하거나 잃게 만들려 한다. 상대를 쓰러뜨리고 해를 가하기 시작한다.

처음에는 상상 속으로만 해를 가할 수 있지만, 많은 경우를 보면 유감스럽게도 현실 속에서 이런 행동을 자행한다. 질투심이 위험 수위를 넘어서는 고비가 바로 이 지점이다. 집단 따돌림이나 중상모략, 사보타지 Sabotage, 속임수, 파괴적 행동은 물론, 질투하는 상대를 직접 공격하는 현상들은 적대감으로 변한 질투심이 그 근저에 자리하고 있다.

비교하지 않으면 질투도 하지 않는다

다른 사람이 지닌 것을 소유하려고 하거나, 다른 사람 역시 소유하지 못하게 할 때는 한 가지 공통점이 있다. 대부분의 감정들과 달리 질투심에는 상대편이 필요하다. 나와 비교할 누군가가 반드시 필요하다. 기쁨이나 자부심, 실망감, 호감, 거부감과 같은 감정들은 다르다. 혼자서 기뻐할 수도 있고, 자기 자신에 대해 자부심을 느낄 수도, 실망할 수도 있다. 자기 자신을 좋아하거나 싫어할 수는 있지만, 자신을 질투할 수는 없다.

우리는 끊임없이 다른 사람을 질투한다. 비교하지 않으면 질투심을 느낄 수도 없다. 질투심이라는 감정을 느끼기 위해서는 계속 다른 누군가와 자신을 비교할 수 있어야 한다. 직장 동료나 이웃 사람, 친구 혹은 가족, 그냥 아는 사람. 가끔은 스포츠, 영화, 패션계의 유명인이나 연예인, 모델을 비교 대상으로 삼는 경우도 있다. 비교하는 그 순간부터 우리는 자신에게 부족한 부분이 무엇인지를 깨닫게 된다. 간절히 바라지만 갖지 못한 것, 할 수 없는 것을 누군가 가졌고, 누린다는 사실을 안 순간부터 질투의 메커니즘이 작동한다. 그러면서 다음과 같은 생각이 들기 시작한다.

'저 녀석은 좋은 직장을 얻었는데, 왜 나는 못 얻고 있을까?'

'저 사람은 왜 항상 재수가 좋을까?'

'저 여자는 트레이닝복만 걸쳐도 저렇게 멋진데, 왜 난 몇 시간을 고심해서 치장해도 이 모양일까?'

이처럼 세상의 모든 질투는 비교에서 시작된다. 만약 우리가 비교하지 않는다면 질투심이 자랄 토양 자체가 존재하지 않는다. 비교를 시작하는 순간 우리는 상대방과의 격차를 줄이기 위해 노력한다. 나와 상대방이 동등한 위치에 서야만 하는 것이다. 특히 우리는 자기 이해, 자존심과 관련된 부분에서 남보다 뒤처져 있다고 느낄 때 격하게 반응한다. 가장 친한 친구들이나 지인, 가족이나 친척과 관련되었을 경우가 그렇다.

에릭이 원하는 것은 단순하다. 마틴도 자신처럼 근사한 별장을 가질 능력이 없었으면 하고 바랄 뿐이다. 실비아가 원하는 바는 동료와 똑같은 기회를 가져 보는 것이다. 마르쿠스는 자신이 한 일을 인정받길 원한다. 다른 사람이 자신의 업적을 가로채는 것이 싫을 뿐이다.

03
어떤 사람이 질투의 대상이 되는가?

 '질투할 가치가 있다'라는 것은 상당한 칭찬이다. 자신의 소유물이나 재능을 다른 사람들이 소유하고 싶어 하면 비로소 그것들이 가치 있는 것처럼 느껴진다.
 특권 의식은 다른 사람들이 질투심을 느낀 만큼 더 커지는 법이다. 승자는 타인의 질투심을 통해 더 큰 승자가 된다. 어렵게 차지한 물건이나 지위, 매력이나 선호도, 성공은 그만큼 더 큰 가치를 지니게 된다. 내가 점하고 있는 우위가 타인의 질투심을 통해 보다 세련된 가공의 과정을 거치는 것이다.

질투심이 경제를 돌게 만든다?

경제가 원활하게 돌아가도록 하는 데 있어 질투심은 필수적인 역할을 한다. 상품 판매에도 절대적인 요인이 된다. 세상의 모든 사람이 자신의 외모와 현재 수입, 소유물에 만족하고 행복해한다면 소비 욕구, 타인과의 경쟁심은 그만큼 줄어들게 된다. 소유하는 것만으로도 상승된 신분을 증명해 주는 물건들은 더 이상 팔리지 않아 아마 위기를 맞을 것이다. 누구나 소유할 수 있을 만큼 금이 넘쳐 나면 금은 아무런 가치도 없는 물건이 된다. 더 부유해지고, 예뻐지고, 나아지기 위해 노력하려면 그 원동력으로 질투심이 필요하다.

요즘과 같은 소비 중심, 경쟁 위주의 사회에서는 경제 성장을 유지하기 위해 소비자의 질투심을 의도적으로 부추기고 자극한다. 질투심을 자극해 돈벌이를 하기 가장 좋은 분야가 바로 광고 업계다. 한 예로 아무 상표도 붙어 있지 않은 청바지와 유명 디자이너의 상표가 붙은 청바지가 있다. 둘이 전혀 다를 것이 없다면 무엇 때문에 굳이 열 배나 돈을 더 주고 디자이너의 제품을 구입하겠는가. 신분 의식은 이미 어린아이들 사이에서도 간과할 수 없게 되었다. 그냥 아무 청바지나 입으면 무시당한다. 반드시 텔레비전에서 광고한 청바지를 입어야 한다. 이런 특권 의식을 가지고 자란 아이들이 나중에는 같은 원리로 스마트폰, 자동차, 아파트를 구입한다.

질투는 가까운 곳에서 일어난다

사람들은 보통 자신과 가까운 곳에 있는 물건, 자기와 비슷한 목적을 지닌 사람에게 질투심을 느낀다. 어딘지 모르게 자기와 비슷한 점이 있는 대상과 비교하는 것이다. 우리는 시공간이나 사회적으로 멀리 떨어져 있는 사람보다 가까운 사람에게 질투심을 느낀다. 질투심은 우선 자신과 비슷하거나 충분히 그럴 가능성이 엿보이는 대상에게 느껴지기 마련이다.

쿠웨이트의 석유 부자가 가진 재산을 부러워하거나, 할리우드의 유명 여배우가 오스카상을 받았다고 해서 진지하게 부러워할 사람은 거의 없다. 자신이 사는 세상과는 너무나 동떨어진 이야기들이기에 비교 대상조차 되지 않는 것이다. 그보다 훨씬 더 자주 비교가 되는 대상은 자기와 신분이 비슷한 사람, 같은 직업을 가진 사람, 바로 옆집에 사는 이웃이다.

옆집 여자가 비싼 코트를 새로 장만했을 때, 같은 정당에 소속된 동료가 나보다 빨리 성공했을 때, 직장 동료의 월급이 엄청나게 인상되어 나보다 훨씬 더 많아졌을 때 우리는 질투심을 느낀다. 레이디 가가의 새 의상이 멋지거나 프로축구 선수가 새 저택을 구입했다는 사실보다 훨씬 더 큰 질투심을 느끼게 된다. 자신의 세계와 너무나 동떨어진 세계의 사람들에게는 질투심도 그만큼 덜 느끼게 된다.

이런 현상은 영국 출신의 정신과 의사이자 철학자였던 버나드 맨더빌 Bernard Mandeville 이 1714년에 출간한 《꿀벌의 일화》에 다음과 같이 소개되었다.

"마차가 없어서 걸어 다녀야 하는 사람이라면 여섯 마리의 말이 끄는 마차를 타고 다니는 사람을 부러워할 수는 있다. 하지만 그 질투심은 마차가 있으면서도 자기는 겨우 네 마리의 말이 끄는 마차밖에 탈 수 없는 사람이 느끼는 질투심을 능가하지 못한다."

영국 학자들의 연구 결과에 따르면 자신의 봉급이 인상되었다는 사실 자체에서 오는 만족감은 별로 크지 않다고 한다. 그보다 훨씬 더 결정적인 영향을 미치는 것은 자신이 회사 내에서 남들보다 높은 지위에 있고, 그렇기에 상대적으로 다른 직원들보다 돈을 많이 벌었다는 느낌이나 통장에 돈이 많다는 점이었다.

뉴욕의 코넬대학에서도 흥미로운 실험을 했다. 실험 대상자들을 상대로 가상의 연봉을 직접 선택하도록 기회를 주었다. 이때 그들에게는 둘 중 한 가지를 선택하도록 했다. 첫 번째는 자신의 연봉을 10만 달러로 책정하고 다른 사람들의 연봉은 8만 5천

달러로 제한했다. 두 번째는 자신의 연봉을 11만 달러로 책정하고 다른 사람들의 연봉은 20만 달러로 정하도록 했다. 그러자 실험 대상자들 중 다수가 첫 번째 보기를 선택했다. 자신이 받는 연봉이 1만 달러가 적더라도 다른 사람들보다 돈을 많이 받는 쪽을 선택한 것이다.

뒤셀도르프 응용사회심리학연구소의 한스 크리스티안 뢰글린Hans Christian Roglin 교수는 질투심 안에서 일련의 방향 상실감이 확장되는 모습을 관찰했다. 그는 '규정되고 전승되어 온 가치 질서 속에 더 이상 자신을 편입시킬 수 없는 사람들'이 한 사회 안에서 자신의 위치를 규정짓는 유일한 방법은 '다른 사람들과 자신을 비교하는 것뿐'이며, 이렇게 해서 '나의 상황이 좋을 때 기분이 좋기보다는 타인의 상황이 좋을 때 기분이 나빠지는 사회 심리가 발전'한다고 말했다.

민주주의로 발전하기 전 단계인 계급 사회, 다시 말해 출신 성분이 사회적 역할과 지위를 미리 규정하던 시절로 회귀하기를 바라는 사람은 이 세상에 거의 없다. 다만 신중하게 고려해야 할 점은 있다. 충분한 재능만 타고나면 누구나 원하는 것을 성취할 수 있는 세상이 되었다고 하지만 현실은 다르다. 이민자 출신의 노동자 가정에서 자란 아이가 유복한 학자 집안에서 자란 아이와 비교해 의대 진학에 있어 동등한 기회를 갖는다고 믿는 사람은 거의 없다. 설령 비슷한 재능을 지녔다고 하더라도 말이다.

그럼에도 불구하고 성공에 있어서는 사회적 배경이나 부유한 가정적 지위가 본질적으로 중요한 역할을 하지 않는다는 분위기가 사회에 형성된다. 결국 불리한 조건에서 경쟁해야 했던 아이는 성공하지 못하고 부유해지지 않은 현실에 대해 다음과 같이 생각한다.

'이건 나 자신의 잘못이야.'

이럴 때 질투심을 느끼거나 절망하는 것은 각자 자신에게 달려 있다.

우리가 질투하는 것은 따로 있다

질투심은 소유하고 있는 물건이나 능력, 지위 그 자체보다 그것들을 소유한 사람이 지녔을 것이라 짐작되는 감정들과 더 깊은 연관이 있다. 그들이 누리는 기쁨, 만족감, 여유로움, 자존감의 상승과 같은 감정들 말이다.

흔히 사람들은 동시대를 살고 있는 사람들 중에서 다른 직업, 더 큰 차, 더 좋은 집에 사는 사람이 자신보다 행복하게 살 것이라고 무의식적으로 생각한다. 구체적으로 말하면 이렇다. 사람들은 옆집의 근사한 야외 정원이나 동료 직원이 다니는 고액 학원 자체가 아니라, 그런 것들을 누리는 데서 자연히 발생하는 자부심, 행복한 기분, 여유 등을 질투한다. 물론 표면적인 질투의 대상은 그들이 소유한 값비싼 물건, 지위, 능력 등이지만 사실은 그렇지 않다. 본질적으로는 그들이 지닌 장점 때문에 보다 잘 지내고, 성공적이며, 행복한 기분을 느낄 것이라는 추측이 핵심이 된다. 물론 이러한 추측이 사실과 항상 일치하지는 않는다. 다만 사람들은 분명히 그럴 것이라 추측하며 질투한다.

질투심에 눈먼 사람들에게는 직업적으로 엄청난 성공을 거두고 부와 명예를 누리면서도 인생의 진정한 행복은 찾지 못한 사람, 엄청난 재산을 두고 스스로 목숨을 끊은 사람들의 이야기가 전해져도 별로 귀에 들리지 않는다. 미국의 심리학자이자 행복 연구가인 마틴 셀리그만Martin Seligman 박사는 사람의 마음속에는 행복과 만족감에 관한 설정치Set Point 가 있다고 했다. 그 설정치는 본질적으로 돈, 성공, 명예 등의 외부 요인들의 영향을 적게 받는다고 말한다. 그는 한 연구를 통해 축구 도박에서 거액의 돈을 딴 사람이 평소보다 행복하다고 느낀 기간은 불과 3개월에 지나지 않는다는 사실을 알아냈다. 3개월이 지나자 월등하게 부자가 되었음에도 자신이 정해 놓은 본래의 설정치로 감정이 되돌아갔다는 것이다. 행복을 누리는 감정 역시 상대적으로 짧은 반감기를 지닌 모양이다.

질투의 대상이 되는 사람이 무언가를 성취한 대가로 얼마나 큰 행복감과 만족감을 느끼는지는 실제로 알 수 없다. 그런 행복감이나 만족감이 얼마나 오랫동안 지속되는지도 모른다. 그럼에도 사람들은 분명 오랫동안 큰 행복감과 만족감을 누릴 것이라 추측한다. 그러면서 상대를 질투하며 불쾌한 감정으로 자신을 몰아간다.

질투심의 경계

질투심은 공감이나 이해심, 동정심과 같은 동지 의식을 차단한다. 동지 의식 같은 감정을 전혀 느끼지 못하는 사람만이 적대적인 행동을 취할 수 있다. 그렇지 않은 사람은 불가피하게 죄의식을 지니기 때문이다. 누군가를 질투하는 사람은 질투의 대상이 되는 사람과 밀접한 관계를 맺어 친해지거나 더 잘 이해하려 하지 않는다. 만일 그렇게 되면 더 이상 상대를 미워하거나 마음속으로 가치를 떨어뜨릴 수 없기 때문이다.

특히 누군가를 질투하는 사람은 질투의 상대가 되는 사람과 무언가를 함께하거나 도움이나 지원받는 것을 견디지 못한다. 상대가 제공하는 도움으로 자신이 더 작아지는 듯한 고통스러운 기분이 의식에 뚜렷이 파고들기 때문이다. 이런 상황에서 질투하는 사람에게 가장 불필요한 것이 동정심이다. 질투심은 스스로를 비참하게 만들고, 그럴수록 자신보다 나은 상황에 있는 사람을 향한 분노는 점점 커진다.

질투의 대상이 되는 기쁨과 부담에 관하여

다른 사람들은 고생해도 얻지 못하는 것을 이미 다 누리고 있는 사람은 질투의 대상이 된다. 순수하게 이론적으로만 보자면 이런 사람은 비교적 질투심을 느끼지 않으면서 자유롭게 살고 있다. 다만 모든 일에는 대가가 따르는 법이다. 이런 사람들은 타인의 질투를 받아야 하는 두려움을 종종 느낀다. 그들은 아름다운 정원에 높은 담장을 두른다. 고가의 귀중품은 금고에 넣어 두고, 비싼 돈을 들여 산 샴고양이는 밖으로 데리고 나가지 못하고 집에서만 키운다.

다른 사람들의 질투심을 유발하지 않기 위해 종종 절제를 해야 하는 경우도 있다. 공동체의 일원으로 머물며 불쾌감을 조성하지 않기 위해서다. 미움이나 공격성이 자신을 향하는 일이 없도록 자신의 장점들을 의식적으로 축소해서 말하기도 한다. 고대부터 남들보다 많이 가진 자는 절대 우월감을 드러내지 말아야 한다는 말이 전해져 왔다. 적게 가진 사람은 그것을 보고 수치심을 느끼며, 설령 정당하게 얻은 것이라도 더 많이 가진 자를 시샘하기 때문이다.

적대적 질투심을 두려워해야 하는 데는 그만한 이유가 있다. 적대적 질투심은 신뢰로 가득 찬 사회적 관계들을 파괴한다. 인간적이고 친밀한 관계를 용납하지 않는다. 그러니 사회적으로 친밀하게 지내는 것이 자신의 소유물보다 중요하다면 쓸데없이 다른 사람의 질투심을 자극할 필요는 없다.

최근 한 연구 결과에 따르면 질투의 대상이 되는 사람들은 다른 사람들을 도와주려는 성향을 자주 보인다고 한다. 타인의 질투심이 불러올지도 모르는 두려운 상황을 예상한 행동이다. 자기보다 적게 소유한 사람들의 공격성이 자신을 향하지 않도록 보다 신중하고 호의적인 행동을 보이는 것이다.

한 연구 조사에 따르면 돈을 많이 버는 사람들은 자신보다 적게 버는 이들이 자기를 부러워한다고 느끼는 것으로 나타났다. 한 달에 450만 원 이상의 기본급을 받는 사람들 중에 4분의 1 정도는 자신들로 인해 월급을 적게 받는 이들이 불쾌하다 생각할 것이라고 대답했다.

질투심의 본질적인 위력은 질투심이 잠재적인 위협으로 작용하는 데 있는지도 모른다. 질투의 대상이 되는 사람들이 타인의 질투를 피할 수 있는 행동을 하도록 강요하기 때문이다. 실제로 상대방이 질투심을 느끼든 느끼지 않든 간에 말이다.

대개 부와 명성은 질투심에서 보호받지 못한다. 수많은 파파라치들에게 쫓겨 다니며 선글라스를 쓰지 않고는 거리로 나설 수도 없는 유명 배우는 평범하게 살아가는 회사원의 삶을 몹시 부러워할 수도 있다. 사람들의 눈을 의식하지 않고 마음껏 거리를 활보하기 때문이다. 스케줄에 쫓기거나 신문 기자, 사진 기자들에게 이리저리 끌려다니지 않고 실컷 놀 수 있을 테니 말이다. 일 년에 수십억 원을 버는 펀드 매니저가 자기 집에서 일하는 정원사의 일상을 부러워할 수도 있다. 자연에서 육체 노동을 하다가 오후 다섯 시가 되면 일을 마치고 자유 시간을 갖는 삶을 진심으로 부러워할 수도 있다.

내 안에 숨어 있는 작은 위선

많은 문제가 있어서 고통받는 사람을 부러워할 사람은 이 세상에 없다. 누군가 짊어지고 있는 빚더미나 두려움도 부러워하지 않는다. 당연한 이야기지만, 우리가 부러워하는 것은 누군가의 인생에서 정점에 해당하는 부분이다.

이때 사람들이 종종 간과하는 부분이 있다. 사실 세상의 어느 누구도 항상 잘 지낼 수는 없다. 어떤 성공들은 마치 쉽게 얻은 것처럼 보이지만, 사실은 고생 끝에 어렵게 얻은 것이다. 질투하는 사람은 그들이 얻은 결과에만 초점을 맞춘다. 결과를 얻기 위해 그들이 치른 대가는 무시하는 경향이 있다. 세계적으로 유명한 발레리나, 축구 선수를 예로 들어 보자. 두 사람 모두 성공하기 위해 원칙을 세워 놓고 때로는 인내하며 수많은 시간을 연습에 투자했다. 사람들은 그들이 보낸 고된 훈련의 시간들을 부러워하지 않는다. 기껏해야 원칙을 정해 놓고 연습에 임할 수 있었던 능력 정도라면 모를까.

어떠한 이유에서든 왠지 자기보다 못하다고 느껴지는 사람들 역시 부러워하지 않는다. 왜 그럴까? 그럴 때는 질투심이 솟아날 자리에 종종 자만심이 들기 때문이다. 그러면서 남들보다 내가 더 낫고, 아름답고, 부유하거나 유명하다는 사실에 만족한다. 질투심과 마찬가지로 자만심에서 자유로울 수 있는 사람역시 거의 없다. 특히 누군가 자꾸만 실패해서 내가 누리는 자유를 부러워하고 질투한다면 그의 질투심은 청량음료와 같은 역할을 한다. 자신이 남보다 우월하다는 느낌, 자신은 잘했는데 다른 사람은 잘하지 못했다는 기분을 만끽하게 한다.

타인의 질투가 사회적 인정이라는 착각

자신보다 적게 가진 사람이 어느 정도 소유했는지를 자꾸만 확인하려 드는 사람이 있다. 자신이 더 많이 소유했고 우월하다는 사실을 남에게 보여 주고 싶어서 그렇다. 그들은 거드름

피우는 태도를 통해 의도적으로 타인의 질투심을 자극한다. '내 집, 내 보트, 내 자동차를 좀 봐 줘!'와 같은 식으로 말이다. 그런 행동의 목적은 자신이 더 우월하다는 사실을 만천하에 알리는 데 있다.

자신이 중요한 사람이라는 사실을 알리려면 청중이 필요하다. 그들은 청중과 실제로 얼마나 긴밀한 관계를 맺을 수 있는지에는 관심조차 없다. 다만 자신을 에워싼 질투심에 가득 찬 눈빛들을 바라보고 즐기면서 어항 속의 물고기처럼 으스대려는 것뿐이다. 자기가 소유한 것, 할 수 있는 것을 과시하고 드러내는 사람은 타인의 질투심이 자신을 사회적으로 인정해 주는 것이라 평가한다. 그러면서 만족감에 젖어 스스로 다른 사람들과 사회적 거리감을 조성한다. 자신은 위에, 타인들은 아래에 위치시키는 것이다.

이러한 현상의 다른 이유는 자기를 보호하려는 마음에 있다. 다른 사람들은 자신과 동등해질 수 없을 정도로 뒤처져 있다고 생각해야 질투 어린 공격에서 자신을 안전하게 지킬 수 있다고 믿는 것이다. 그래야 다른 사람들이 자신을 비판하거나 방해하지 못할 것이라고 생각한다. 잘못된 생각이다. 보통 허풍 떠는 사기꾼들이 그런 식으로 거드름을 피우다 오히려 타인의 불쾌감을 유발하고 공격의 대상이 된다. 질투의 대상이 되는 사람은 관심을 끌기 위해 과장하고 잘난 척하며 허풍을 떨다 위험한 상황에 처할 수 있다. 그러한 행동은 스스로를 초라하고 별 볼일 없다고 느끼는 사람들에게 공격적인 행동의 계기를 제공한다. 사람들이 자신을 부러워하기를 원하지, 그들에게서 배척당하기를 원하는 것은 아니지 않은가. 만일 배척당한다면 돈과 명예를 이용해서 누리고 싶은 자유를 어떻게 누리겠는가.

사람들은 질투의 대상이 되고 싶은 충동 때문에 종종 자신의 가치를 외모와 지위, 재산 등으로 판단하는 오류를 범한다. 이런 사람일수록 비슷한 상황에서 남들이 자신보다 멋져 보이거나, 더 나은 지위를 누리거나, 능력이 뛰어나면 감정적으로 예민하게 반응한다. 타인의 질투심을 자극하는 사람일수록 질투심에 사로잡히기 쉽다. 상황이 역전되어 지금까지 누리던 우월감을 상실하면 보통 사람들보다 큰 위기에 빠져서 스스로 함몰한다. 질투심뿐 아니라 질투의 대상이 되는 것 역시 양날의 검처럼 이중적이다.

머릿속에 지푸라기만 들어 있을 것 같은 인간이 건초 더미처럼 엄청난 돈을
소유하고 있으면 사람들은 종종 부당함을 느낀다.
- 게하르트 울렌브루크

Chapter 2

질투심은 어떻게 나타나는가?

01
질투의 문화적 뿌리와 의미는 무엇인가?

질투심에 관한 문제는 지역을 초월하여 다루어져 왔다. 철학에서도 중요한 주제로 다루어졌다. 이 부분을 완벽하게 소개할 수는 없지만, 개략적인 설명을 통해 살펴볼 것이다. 서양에서 여러 가치들을 논하면서 질투심을 배척하는 것이 어느 정도로 중요하게 여겨져 왔는지, 질투심에 관한 논쟁이 왜 그토록 어려운 일인지 알아볼 것이다.

질투에 관한 오래된 생각

고대 그리스 시대부터 질투심은 철학적·윤리적 성찰의 대상이었다. 철학자이자 저술가였던 플루타르코스Plutarchos는 '악한 시선'에 관한 이론을 주장했다. 그의 주장에 따르면 질투심과 같은 감정이 인체에 치명적인 영향을 끼쳐 오한이 발생하며, 특히 이런 증상은 눈빛을 통해 표출된다고 한다. 질투심과 악한 눈빛의 연관성에 대해서는 그리스인뿐만 아니라 지중해 연안에 사는 사람들이 모두 같은 생각을 지니고 있었다. 사람들은 악한 눈빛에서 자신을 보호하기 위해 부적을 지니거나, 대문 앞에 사람의 눈 모양 그림을 붙여 놓기도 했다고 한다.

헤로도토스Herodotos는 질투심과 오만함이 명백하게 연관되어 있다고 생각했다. 인간의 오만이나 자만심은 신들의 질투심을 유발하여 벌을 받게 된 것이라고 여겼다.

데모크리토스Democritos는 인간에게 화를 불러오는 세 가지 정신으로 적대감, 질투심, 시기심을 들었다. 질투심은 도시 국가들 사이에 끊임없이 분쟁을 일으키는 정신이라고 보았다. 질투심이 존재하지 않았다면 모두가 평화롭게 살았다는 것이 그의 주장이었다.

플라톤Platon은 국가 지도자 역할 가운데 가장 중요한 것 중 하나가 도시 국가 내의 질투심을 척결하는 능력이라고 보

조토 디 본도네의 <질투>(1306)

았다. 플라톤은 물론 아리스토텔레스 Aristoteles 에게도 질투심은 싸워서 극복해야 할 지극히 혐오스러운 것이었다.

단테 Dante 도 질투심이 악한 시선과 관련이 있다고 생각했다. 그는 자신의 저서《신곡》에서 질투심을 '눈이 저지른 죄'라 표현했다. 질투한 자는 법에 따라 두 눈을 철사로 꿰매 버렸다. 다른 사람을 볼 수 없으면 질투심이 생기지 않기 때문이다.

비유적인 글이나 그림, 그 밖의 다른 작품들 속에서 질투심은 종종 동물로 표현된다. 뱀이 물거나 전갈의 독에 쏘여 죽음에 이르는 장면으로 묘사된 경우도 있다. 이탈리아 파도바의 한 성당 벽화 중에는 질투심을 그림으로 형상화한 조토 Giotto di Bondone

• 53 •

의 프레스코화가 있다. 〈질투 Imidia〉라는 이 작품은 커다란 귀를 가진 노파의 옷이 불타는 모습을 하고 있다. 입에서는 혀 대신 뱀 한 마리가 기어 나와서 노파의 두 눈을 똑바로 쳐다보고 있다. 노파의 악한 눈빛을 차단하고 있는 것이다.

그 이후의 사상가들도 질투심에 관해 많은 연구를 했다. 영국의 철학자 프랜시스 베이컨 Francis Bacon 은 질투심을 '최고로 비난받아 마땅하고 가장 저급한 격정'으로 보았다. 질투심이야말로 '악마의 특징'이라고 규정했다. 영국의 대문호 셰익스피어 William Shakespear 는 질투심을 '초록색 눈을 가진 괴물'이라고 표현했다. 토마스 홉스 Thomas Hobbes 나 장 자크 루소 Jean-Jacques Rousseau 같은 철학자들은 질투심을 윤리적 가치 너머에 있는 것이지만, 현실적으로는 인간이 기본적으로 지닌 성질로 보았다. 홉스는 질투심을 인간적인 존재가 지닌 자연적 성격의 일부라고 했다. 루소는 역사적으로 발생한 현상이라고 했다. 임마누엘 칸트 Immanuel Kant 는 질투를 타인의 파멸을 바라는 열정에서 비롯된 것이라고 보았다. 자신을 고문하는 지극히 불쾌한 '악'이기는 하나 인간의 천성을 구성하는 요소 중에 하나로 보았다.

쇼펜하우어 Arthur Schopenhauer 는 질투심에 관해 많은 글을 남겼다. 그는 질투심을 '독을 품은 두꺼비'라고 표현했다. 그러면서 창의적인 사람, 학자들 사이에 특히 질투심이 널리 퍼져 있다고 했다.

모든 종교에서 낙인 찍는 질투

기독교회는 질투심이 저주받은 성격이며 억눌러 버려야 한다고 여겼다. 그럼에도 그 지위를 이용해 정치적·개인적으로 질투심을 엄격하게 규제했던 것은 놀라운 일이 아니다.

성서에는 질투심에 관한 이야기가 자주 등장한다. 카인은 동생 아벨이 바친 제물을 하나님이 더 높이 평가하자 질투심에 눈이 멀어 동생을 죽인다. 야곱이 아들 요셉을 가장 사랑하자 배다른 형제들은 질투심 때문에 요셉을 구덩이에 던져두었다가 나중에 노예로 팔아 버린다. 성서에는 '이웃의 집과, 여자, 노예, 하녀, 가축은 탐하지 말라'고 나와 있다. 일차적으로는 탐욕과 소유욕을 가리키지만, 결국 동기는 질투심이다. 솔로몬 대왕은 '나는 결코 질투심을 갖지 않을 것이다. 질투심은 지혜와 하등의 상관이 없기 때문'이라고 말했다.

그리스도교의 성인이자 서기 4세기경 콘스탄티노플의 대주교였던 요한네스 크리소스토모스Johannes Chrysostomos는 질투심에 대해 다음과 같이 말했다.

"질투는 영혼을 고통받게 하고, 육체를 메마르게 하며, 두 눈이 움푹 패게 만든다. 좀이 옷을 먹듯 결국 사람의 몸을 잡아먹는 해악이다."

그레고르Gregor 교황 이후로 가톨릭 교회에서는 질투심을 교만, 인색, 음욕, 탐욕, 분노, 나태와 함께 일곱 가지 대죄로 여긴다.

질투심은 기독교뿐 아니라 거의 모든 종교에서 낙인이 찍혀 있다. 불교에서는 모든 고통이 분노와 현혹, 질투심에서 기인한다고 본다. 질투심은 영혼의 독이자 내적 빈곤함의 표시로 여겨진다. 덧없는 속세의 것들을 뒤쫓는 마음이 살아 있는 모든 생명체를 구속하여 삶과 죽음이 반복되면서 끊임없이 고통과 불행을 반복한다는 것이다.

이슬람에서는 질투심을 다음과 같이 정의한다.

"진정한 종교는 신자들로 하여금 어떻게 하면 질투심의 뿌리를 뽑는지 보여 줄 수 있어야 한다. 질투심이야말로 에고가 지닌 가장 나쁜 성격 중에 하나이며, '모든 죄악의 어머니'라 할 정도로 나쁘기 때문이다."

동화 속 질투

옛날부터 전해 내려오는 동화 속에도 질투심은 예외 없이 등장한다. 대부분은 이야기를 이끌어 가는 중요한 모티프 역할을 한다. 백설공주의 미모에 질투심을 느끼고 생명을 노리는 계모 왕비 이야기, 궁전에서 열리는 파티에 초대받지 못한 열세 번째 요정이 공주에게 저주를 내리는 잠자는 숲 속의 공주 이야기에서 질투심은 중요한 모티프로 작용한다. 못된 계모와 심술궂은 새 언니들과 사는 신데렐라의 이야기도 다르지 않다. 미모에 대한 질투심은 자기 파멸로 이끄는 경우가 대부분이다.

수백 년의 세월을 거치면서 세대를 거듭해 전승된 동화 속에는 인간의 심리가 적나라하게 반영되어 있다. 그 속에는 당대의 사람들이 지켜야 할 도덕적 가치는 물론이고, 시대를 초월하는 인간의 감정에 대한 기본적 속성이 담겨 있다. 그런 의미에서 동화는 예나 지금이나 심리적으로 많은 의미들을 드러낸다. 그 가운데 상당 부분이 전혀 옛날이야기 같지 않은 현재성을 지니고 있다. 당연히 요즘 같은 세상에 왕자와 결혼하기 위해 유리 구두에 맞춰서 발가락을 자를 여자는 없다. 다만 선망하는 대상과 비슷한 외모를 갖기 위해 기꺼이 성형 수술을 할 각오가 된 수많은 사람들과 그 덕에 호황을 누리는 성형 산업의 현실을 생각하면……. 역시나 고개가 끄덕여지며 예나 지금이나 크게 달라진 것이 없다는 생각을 하게 된다.

심리학적 관점의 질투

동화 속 상징들은 꿈속에 등장하는 상징들과 종종 비견된다. 심리 분석가 융Carl Gustav Jung에게 동화는 신화 다음의 원형이자 집단 무의식의 표현이었다. 인류 역사 전체를 통해 물려받은 심리적 유산과 같았다. 인간의 몸이 진화 과정을 거쳐 발전해 온 것처럼 심리적 저장분 역시 다양한 경험들을 통해 계속해서 쌓여 왔다는 것이다.

'심리적 그늘'이라는 개념을 만든 사람도 융이었다. 심리적 그늘이란 인간의 개인적·집단적 심리 가운데 무의식적인 부분을 일컫는 말이다. 이 부분에는 가공의 과정을 거치지 않은 사건들뿐 아니라 그것들과 연관된 분노, 슬픔, 두려움, 질투심 같은 격한 감정이 자리 잡고 있다. 다시 말해 심리적 그늘이란 건드려지는 것이 두렵거나 고통스럽고 치욕스러워 자기도 모르게 의식 저편에 억눌린 채로 두고 사라진 듯 감춘 부분을 말한다. 자신도 모르게 그런 행동을 한 이유는 '그늘'을 한 곳에 집약시킴으로써 마음의 중심을 되찾으려 했기 때문이다.

프로이트Sigmund Freud 의 심리 분석은 질투에 대해 다른 관점을 보인다. 질투심을 천성적이며 파괴적인 충동, 생후 2년차의 후반기부터 나타나는 것으로 파악한다. 프로이트는 초기에 나타나는 질투심, 형제들 사이에 나타나는 질투심 등이 본질적으로 인간을 사회화시킨다고 본다. 질투심을 통해 공동체 안에서 살아갈 능력이 길러진다는 관점이다.

프로이트의 전통을 따르고 있는 심리 분석가 멜라니 클라인Melanie Klein 은 질투심이란 '화가 나는 기분'이라고 주장한다. 그러면서 질투심은 타인의 소유물을 빼앗거나 파괴시키려는 충동과 연관이 있다고 보았다. 심리 분석가 알프레드 아들러 Alfred Adler 는 질투심을 권력을 차지하거나 우위를 점하려는 노력, 자신에 대한 가치 의식의 결여와 연관이 있다고 해석했다.

지난 수백 년 동안 비난과 혐오의 대상이었던 질투심은 오늘날에 이르러 훨씬 더 다양하게 해석되고 있다. 러시아에서는 질투심을 '검은 질투심' 혹은 '하얀 질투심'으로 구분하기도 한다. 질투심에는 파괴적인 속성과 건설적인 측면이 모두 포함되어 있다는 것이다.

발달 심리학자인 레오 몬타다 Leo Montada 교수도 검은 질투심과 하얀 질투심을 구분하는 학자 중에 한 명이다. 그의 주장에 따르면 검은 질투심은 비생산적인 감정적 흥분을 의미한다. 이런 감정은 능동적인 행동은 취하지 않게 하고 오로지 불쾌감과 적대적인 감정만을 불러일으키기 때문이다. 검은 질투심을 지닌 사람은 질투의 대상이 되는 사람이 좌절하기를 바란다. 가지고 있는 것들을 잃게 되기를 바란다. 반면 하얀 질투심은 뚜렷한 목표를 설정하고 자신이 처한 상황을 개선하기 위해 행동하도록 만드는 감정이다. 타인이 가진 것을 자신은 얻을 수 없고, 그런 위치에 도달할 수도 없다고 생각하는 사람은 검은 질투심만 키워 나간다. 그는 질투심을 느끼기 위해서는 기본적으로 두 가지 전제 조건이 필요하다고 본다. 그중 하나는 경쟁심이고, 다른 하나는 미미한 자긍심이다.

어떤 심리학자들은 보다 세분화시켜서 사고 유형이나 행동 유형을 유발하는 질투심을 세 가지로 분류한다.

- 후퇴적 우울형 질투 Depressiver Neid, DN
- 적대적 질투 Feindseliger Neid, FN
- 선망적 질투 Bewundernder Neid, BN

이 책은 위의 세 가지 유형으로 질투심을 분류하고 있다. 사람은 누구나 위에 제시된 세 가지 형태의 질투심을 지니고 있다. 질투심이 유발되는 상황이라면 우리는 살면서 터득한 사고 유형이나 행동 유형에 따라서 셋 중 한 가지 반응을 보인다. 물론 반응은 상황에 따라 달라진다. 질투심을 느끼는 사람의 입장이나 상황을 대하는 관점에 따라 다양하게 나타날 수 있다.

후퇴적 질투

후퇴적 질투는 자신이 뒤처져 있다는 느낌에서 기인한다. 다른 사람이 지닌 무언가를 자신은 결코 가질 수 없다는 확신에서 비롯된다. 다른 사람처럼 되고 싶지만, 자신은 그럴 수 없고 그럴 만한 조건도 갖추지 못했다는 생각이 들 때가 그렇다.

예를 들어 한 동료 직원이 진급했다. 자신도 자격 요건을 갖추어서 지원했는데 동료 직원만 된 것이다. 이때 후퇴적 질투심을 지닌 사람은 동료가 진급한 사실을 불쾌하게 여기지 않는 대신 자기에게 실망한다. 위축감을 느끼고 진급하지 못한 원인이 자신에게 있다고 생각한다. 그러면서 속으로 다음과 같은 생각을 한다.

'저 사람은 내가 갖지 못한 어떤 것들을 더 가졌을까?'
'다른 사람들이 나보다 훨씬 더 나은 것 같아!'
'어차피 나에게 저런 기회는 주어지지 않을 거야.'

질투심은 조용히 사람의 마음을 갉아먹기에 주변 사람들은 그가 질투심을 느낀다는 사실을 전혀 느끼지 못한다. 당사자는 무시당한 기분, 불만족스러운 기분을 느끼지만 티를 내지 않는다. 후퇴적 질투심은 자신의 고유한 행위 능력을 마비시킨다. 최악의 경우에는 무기력한 태도를 계속 유지하며, 다른 사람들로부터 물러나는 체념적인 반응을 보이기도 한다.

적대적 질투

다른 사람이 이룬 성공을 축하할 수 없는 경우 다르게 행동하는 유형도 있다. 질투심을 느낀 사람이 의식적·무의식적으로 상대방이 지닌 장점을 공격하는 것이다. 자신과 동등한 입장으로 끌어내리려는 의도이다. 그러면서 상대가 누리는 지위를 박탈하고 자신이 그 자리에 오를 방법을 찾는다.

자신이 뭔가 부족하다는 사실에서 기인한 분노 때문에 의식적으로 질투의 대상에게 해를 가하려고 시도한다. 적대적 질투심은 공모, 심리적 테러, 거만하게 굴기, 못된 소문 퍼뜨리기와 같은 행동이 잉태되는 토양이다. 위에서 예를 든 상황에 비유하면, 적대적 질투심을 지닌 사람은 진급한 동료를 어떤 식으로든 방해한다.

부서 내에서 고의적으로 이상한 소문을 퍼뜨리기도 한다. 그가 중요한 고객을 상대하는 협상 능력이 떨어진다는 식으로 이야기하는 것이다. 아니면 중요한 정보를 늦게 받도록 수를 쓰기도 한다. '그가 요즘 스트레스를 많이 받는 것 같아. 어쩌면 이제 능력이 한계에 달한 건지도 몰라' 하는 식으로 말이다.

선망적 질투

선망적 질투심은 앞서 소개한 하얀 질투심에 해당된다. 질투심으로는 긍정적인 특성을 지니고 있다. 다른 사람이 나보다 먼저 성공했다는 사실 때문에 고통스럽기는 하다. 이런 경우 해당 사실을 좋은 의미로 받아들인다. 그러면서 이번에는 상대가 자신보다 나았다는 사실을 다른 사람들에게 시인한다. 동료가 먼저 진급했다는 사실은 자신도 머뭇거리지 말고 노력해서 빨리 진급해야겠다는 동기 부여로 작용한다. 이런 마음가짐을 가졌기에 경쟁 상대였던 상대의 진급을 진심으로 기뻐하는 것이다.

선망적 질투심을 지닌 사람은 자기보다 먼저 성공한 사람을 하나의 모범상으로 바라본다. 상대와 싸우려 하기보다는 그에게서 뭔가를 배우려는 자세를 취한다. 선망적 질투심은 자신의 힘과 능력을 최대한 발휘하고 노력하게 하는 추동력으로 작용한다.

질투 충동은 여러 형태의 감정과 다양한 행동을 취하게 만든다. 누군가는 질투심 때문에 의기소침하게 체념하고 스스로 물러선다. 머릿속으로 보복할 생각을 하는 사람도 있고, 타인의 성공을 교훈 삼아 동등한 위치에 오르려고 노력하는 사람도 있다. 그만큼 질투심은 다양한 영향력을 행사하며 질투심을 느낀 본인뿐 아니라 주변에도 영향을 끼친다.

체념하고 시선을 다른 쪽으로 돌리는 사람은 자신에게 찾아올지 모르는 기회를 놓칠지도 모른다. 그의 체념적인 태도가 상사들의 눈에는 진급에 관심이 없으며 참여도 역시 결여되었다고 보일 수 있다. 진급 기회를 주려다가도 마음을 접을 것이다.

뒤에 숨어서 끊임없이 독화살을 쏘는 사람은 제 발등을 찍게 될지도 모른다. 팀의 협동 작업에 적합한 사람이 아니라는 낙인이 찍힐 수 있다. 그런 경우 분노심은 더욱 커져서 큰 화를 자초하게 된다.

끝으로 동료의 진급을 본보기로 하여 새로운 전략을 세우고 노력하는 사람은 업무 능력이 향상된다. 결국 성공 가능성이 높아져 다음번에는 반드시 진급의 기회를 잡게 될 것이다.

02
남자와 여자는
질투하는 방법도 다르다?

일반적으로 여자가 남자보다 질투심이 더 많다는 속설이 있지만, 그것을 뒷받침할 만한 근거는 없다. 본질적으로 남자가 여자보다, 또는 여자가 남자보다 질투심을 크게 느끼는 것은 아니다. 다만 성별에 따라 질투심을 더 많이 느끼는 분야가 있고, 질투심에 반응하는 방식에 차이가 존재한다.

보통 남자는 다른 남자들이 자신보다 성공하면 질투한다. 상대가 자기보다 많은 재산을 지녔거나, 높은 지위를 누리거나, 더 큰 잠재력을 지니면 질투한다. 반면 여자는 다른 여자들이 자신보다 더 큰 매력을 지니면 질투하는 경우가 많다. 정리하면 남자들은 미래의 가능성이나 지위에, 여자들은 젊음이나 매력에 질투심을 느낀다.

여자들의 질투심을 유발하는 요인에 가장 많이 고려한 개념은 사랑, 만족감, 자신을 위한 시간, 개인적인 행동 같은 것이었다. 여자들은 다섯 명 중 한 명꼴로 다른 여자들의 부모가 화목한 가정을 꾸렸다는 사실에 부러워했다. 같은 대답을 한 남자들은 열 명에 한 명 꼴이었다.

독일의 《리사Lisa》라는 잡지사에서 2005년도에 조사를 실시했다. 조사 내용은 여자와 남자가 느끼는 개인적인 질투심에 대한 것이었다. 결과에 따르면 조사 대상 중 3분의 2가 다른 사람을 질투한 적이 있다고 응답했다.

남자들 중 60퍼센트는 자신들은 살아 보려고 악착같이 애를 써도 안 되는데, 다른 사람은 '재수가 좋아서 뻔뻔하게 행복을 누리고 있다'는 사실에 질투했다. 같은 응답을 한 여자들은 42퍼센트였다. 여자들은 두 명에 한 명꼴로 자기보다 젊고 예쁜 여자들을 보면 불리한 상황에 처한 기분이 든다고 대답했다. 같은 대답을 한 남자들은 35퍼센트에 지나지 않았다. 자기보다 직업적으로 성공한 여자를 보면 불쾌하다고 응답한 여자들은 23퍼센트에 불과했지만, 남자들은 33퍼센트나 되었다.

동성이나 이성에게서 사랑받는 사람들에 대해 느끼는 질투심은 남녀 모두 비슷하게 나타났다. 남녀 응답자 모두 다섯 명 중 한 명꼴로 비슷한 반응이었다. 자기보다 다른 사람이 더 사랑받고 자신은 인기 없는 사람으로 취급받는 것 같아 걱정했다.

남녀 사이의 뚜렷한 견해 차이는 타인과 자신의 동일하지 않은 성격이나 재산, 가능성에 대해 감정적으로 반응하는 형태에서 나타났다. 다른 여자가 자기보다 많은 것을 지녀서 질투하는 여자들은 보통 남자들보다 무기력한 반응을 보였다. 자신이 그런 행운이나 성공을 거두지 못했다는 사실에 낙담했다. 다른 여자들이 누리는 더 많은 혜택에 대한 질투로 분노하기보다는 본인의 상황이나 능력에 불만족을 표하는 경우가 많았다. 동료 여직원이 자기보다 멋져 보여서 질투심이 나더라도 동료 여직원처럼 되기 위해 노력하는 경우는 드물었다.

예를 들면 이런 것이다. 아름다워지기 위해 뷰티 아카데미에 등록하거나 자신의 다른 매력에 집중하는 태도를 보이는 경우는 드물었다. 대신 절망감을 느끼고 뒤로 물러서서 다음과 같은 생각을 하는 사례가 많았다.

'난 충분히 매력적이지 않아. 괜히 따라 해봤자 소용없을 거야.'

다른 여자가 자기보다 성공하면 대개는 자신에게서 문제점을 찾으려 한다.

'왜 난 항상 실패하지?'

'왜 항상 나만 재수가 없을까?'

'왜 난 저 여자처럼 해내지 못했을까?'

여자들은 비교적 남자들보다 후퇴적 질투에 가까운 반응을 보인다.

반면 남자들은 적대적인 질투심을 드러내는 경향이 짙다. 질투심을 지닌 남자들의 생각은 종종 분노와 연관되어 있는 것으로 나타났다. 동료 직원이 자신보다 우대받거나 총애받으면 분노심이 발발했다. 저녁 시간에 술집에서 질투의 대상이 되는 동료에게 시비를 걸어 싸움을 유발하는 경우도 있다.

정리하자면 이렇다. 남자들은 다른 남자가 자기보다 좋은 지위를 차지하면 화를 낸다. 여자들은 자기보다 젊고 예쁜 여자들을 보면 주눅이 들고 낙담한다.

질투심을 느끼고 반응하는 태도에 성별에 따른 전형적인 형태가 있지는 않다. 그렇게 판단하는 것은 너무 안일한 태도이다. 남자도 자기보다 멋지고 세련된 남자를 보면 질투를 느낀다. 여자들 중에서 외모보다는 사회적 성공에 보다 큰 가치를 두는 경우도 적지 않다. 질투심이 표출되는 형태도 후퇴적 질투심과 적대적 질투심으로 남녀의 차이를 명확하게 구분하기는 어렵다.

03
질투 뒤에는
무엇이 따라오는가?

질투의 결과로 나타나는 감정은 불쾌감이나 분노, 슬픔 이외에도 다양하다. 특히 다른 사람의 불행에 기뻐하는 고약한 마음이나 복수하고 싶은 욕구, 냉소적인 기분이나 탐욕스러운 마음이 동반될 수 있다. 그럴 때 마음속에 서로 뒤엉켜 자라나는 복잡 미묘한 감정들을 다스리기란 결코 쉽지 않다.

타인의 불행을 기뻐하는 고약한 마음

질투심과 고약한 마음은 종종 연관이 있다. 일본 치바 현에 있는 방사선과학연구소의 히데히코 다카하시 박사와 그의 연구팀은 질투심이 고통으로 체험될 수 있다는 사실을 밝혔다. 질투심이 커질수록 실제로 느끼는 고통도 커진다는 것이다. 이때 사람의 뇌에서는 육체적인 고통을 느꼈을 당시 반응하는 부분이 실제로도 반응한다고 한다.

연구 결과에 따르면 질투심은 육체적 고통과 유사한 고통을 안겨 주는 것으로 보인다. 이때 고약한 마음은 부담을 덜어 주는 기능을 수행한다. 질투의 대상이 피해를 입으면 질투심을 느끼던 사람의 뇌에서는 보상 기능을 수행하는 중심부가 활성화된다고 한다. 상대방에 대해 느끼던 질투심이 크면 클수록 기쁨도 배가된다. 타인의 불행에 기뻐하는 고약한 마음이 심리적 부담을 완화시키는 데 결정적인 역할을 하는 것이다. 타인의 불행을 즐기는 것이 간접적으로나마 자신의 가치를 상승시키는 데 기여하기 때문이다. 상대의 성공이 유독 커 보였다면 그의 몰락이 심각할수록 질투하던 사람의 기쁨이 커진다.

다음은 우리가 마음속으로 몰래 기쁨을 누리는 경우이다.

- 같은 헬스 트레이너인 동료는 평소 수십만 달러의 연봉을 받고 매번 고급 승용차로 바꾼다. 그러던 어느 날 제일 중요한 고객을 잃었다.
- 이웃집 아이는 공부를 잘해서 항상 1등을 하고, 우리 아이는 평균

성적밖에 안 되어 매번 굴욕감을 느낀다. 그러던 어느 날 이웃집 아이가 시험을 보다가 컨닝을 해서 정학당했다.
- 위원회에서 우리의 선거권을 박탈해서 선거도 못 하게 만들었던 위원장이 재선에 실패하고 낙마했다.
- 평소 몸매가 너무 좋아서 부러움의 대상이 되던 동료 여직원의 몸무게가 갑자기 10킬로그램이나 불었다.

질투심과 마찬가지로 타인의 불행에 몰래 기뻐하는 마음도 널리 소문낼 종류의 일은 아니다. 그 자리에 없는 제3자에 대해 험담하는 것은 대개 거기에 동조하는 사람들 사이에서만 은밀하게 이루어진다. 경쟁 관계에 놓여 있거나 자기가 상대보다 부족하다고 느낀다면, 질투의 대상이 실패하는 모습으로 일종의 보상 심리를 느낀다고 볼 수 있다. 어쩌면 거의 필연적인 결과일지도 모른다.

복수

사람들은 타인의 성공으로 마음에 상처를 받거나 굴욕감이 들면 자기도 상대와 같은 위치에 서고 싶다는 욕구를 느낀다. 특히 상대가 부당하게 성공을 이루었다는 생각이 들면 욕구는 더욱 커지기 마련이다. 그럴 때는 상황을 수동적으로 받아들이기보다는 분노를 적극적인 행동으로 옮긴다. 보복의 욕구는 부당하게 깨졌다고 생각하는 균형을 바로잡기 위한 행동으로 이어진다.

복수도 고통스러운 질투심으로부터 심리적 완화를 돕는 역할을 한다. 타인의 불행을 기뻐하는 마음과 마찬가지로 사람의 뇌에서 보상을 담당하는 부분에 자극을 준다. 독일의 마르부르크대학에서 보복 현상에 대해 연구하고 있는 마리오 골비처 Mario Gollwitzer 교수는 복수심을 순전히 악하다고만 평가할 수 없다고 한다. 복수심이 인간의 공동생활에 있어 두 가지 중요한 역할을 하고 있기 때문이다.

복수심은 개인에게는 물론이고 사회적으로도 특정한 기능을 수행한다. 복수하는 사람에게는 자신의 가치를 제자리에 위치시키는 것이 일차적으로 중요하다. 동시에 자신뿐만 아니라 복수심을 유발시킨 상대, 혹은 경우에 따라서는 조직의 다른 구성원들에게도 자신을 드러내고 싶어 한다. 자신은 결코 좌지우지할 만한 인물이 아니며, 스스로를 방어할 수 있다는 인상을 심어 주려는 것이다. 다른 사람들이 자신을 얕보지 못하도록 스스로 지위를 보장한다.

만일 복수에 대한 환상을 펼쳐서 적극적으로 해소하지 못하면 숨 막힐 듯한 원한으로 부풀려진다. 신경을 마비시키는 고통으로 이어진다. 터널 안을 달리듯 한쪽 방향만 바라본다. 다른 사람은 있는데 자신에게 없는 것들만 생각하다 보면 고독한 불평가가 될 수밖에 없다. 다른 사람이 가진 것에 온 신경을 집중하느라 자신의 재능이나 능력은 믿지 않고 지내기 때문이다.

질투하는 사람은 원한과 복수심을 더욱 공고히 하는 동시에 무력감도 느낀다. 뚜렷한 성과를 얻는 것이 아님에도 다른 사람에게 해를 입히려는 사람은 자신을 해치는 결과밖에 얻지 못한다. 이렇게 생긴 심리적 상처는 쉽게 아물지 않는다. 계속 상기되어 항상 타인들을 믿지 못하는 행동을 취하게 된다.

냉소주의

질투심과 냉소주의 사이에는 깊은 관계가 있다. 냉소적으로 반응하는 사람은 자신이 갖지 못했거나 할 수 없는 것들의 가치를 깎아내리는 경향이 있다. 여우와 신 포도의 이야기는 누구나 들어 보았을 것이다. 여우는 나무 높은 곳에 매달려 있는 포도를 따 먹지 못하자 미련 없이 돌아선다. 그러면서 분명 신 포도라 자기는 관심조차 없다고 말한다. 질투심이 많은 사람은 다른 사람의 성공을 비웃거나 그 가치를 떨어뜨리는 태도를 취한다. 다음과 같은 식으로 말이다.

"지난번 회의 시간에 그 친구가 발표하면서 말 더듬는 것 들었어? 난 무슨 말 더듬기 대회라도 하는 줄 알았어."

"그 여자가 승진한 이유는 부사장이랑 잤기 때문이야. 절대로 실력으로 승진했을 리가 없어!"

조롱이나 냉소적 비판, 사소한 증오는 동시다발적으로 나타나기도 한다. 사람들은 상대를 비방하고 깎아내리고 비난하면서 일시적으로나마 고통스러운 긴장감에서 벗어나 자신이 처한 상황을 잊는다. 그렇게 자신의 능력을 의심해야 하는 상황을 피한다. 험담, 이상한 소문내기, 다른 사람 깎아내리기와 같은 행동은 질투의 대상이 되는 사람에게 해를 입히는 또 다른 수단이다.

냉소적으로 자신을 보호하려는 행동은 질투의 대상이 되는 개인을 향할 수도 있지만, 그렇지 않은 경우도 있다. '저만치 위에 있는' 대상이 되기도 한다. 대개 사장이나 관리자, 이익 집단, 정치 일반을 겨냥할 수도 있다. 직장 내에서 냉소주의는 작업 환경을 심하게 훼손시킨다. 그러다 보면 의도적으로 상대를 배척하거나 공모하는 상황도 쉽게 벌어진다.

탐욕

질투심이 소유욕으로 이어진다는 사실은 분명하다. 질투

의 목적은 자신도 다른 사람과 같아지고자 함이다. 상대가 가진 것을 갖거나 보다 나아지고자 한다. 특히 소유욕에 눈이 멀어 다른 사람이 가진 것을 무조건 자신도 가져야겠다고 생각하기도 한다. 실제 그 물건이 자신에게 의미가 있는지, 감당할 만한지에 대한 판단력마저 상실하게 된다. 그럴 때 사람들은 '어떻게든 되겠지'라고 생각하며 일단 덤비고 본다. 탐욕에 눈이 먼 사람은 내일 따위는 고려하지 않는다. 지속적으로 빚에 시달리는 사람들을 보면 그 시작은 남들과 같아지려는 욕심에서 비롯된 경우가 많다.

소유욕에 따른 충동이 충족될 때에도 사람의 뇌에서 보상 기능을 담당하는 부분이 활성화된다. 술이나 약물에 중독된 사람, 이성적이지 않은 기대를 하고 판단을 내리는 사람들이 보이는 반응과 매우 흡사하다.

한번은 베를린에 있는 대형 백화점에서 특별 할인 행사를 하자 5천 명이 넘는 사람들이 구름처럼 몰려들었다. 폭동 수준의 난장판이 벌어져 열다섯 명이 부상당했다. 이런 불행한 사태가 벌어진 원인은 어떻게든 싼 가격에 비싼 물건을 구입해야 한다는 사람들의 욕심 때문이다. '값비싼 명품을 저렴한 가격에!', 바로 사람들의 탐욕을 부채질하는 대표적인 말이다. 그렇게 해서라도 남들과 동등해지고 싶어 한다. 특별 할인가에 명품을 소유하여 소수의 특수층과 같은 지위를 누리고 싶다는 욕구에서 비롯된 웃지 못할 비극이다.

04
질투심과
시기심의 차이는 무엇인가?

질투심과 시기심은 비슷한 의미를 지니고 있지만, 두 가지 점에 있어서는 뚜렷하게 구분된다. 보통 질투심은 자신이 갖고 싶은 것, 이루고 싶은 것을 이미 다른 사람이 누리고 있을 때 불타오른다. 질투심에서 결정적인 역할을 하는 요소는 열망이고 갈망이다. 반면 시기심은 상실에 대한 두려움, 위기의식에 따르는 반응으로 나타나는 경우가 많다.

상실에 대한 두려움은 대게 사람과 사람 사이의 관계에서 비롯된다. 질투심은 질투의 대상, 자신이 소유하고자 갈망하는 물건과 관계가 있다. 질투심을 지닌 사람은 감정 이입을 하지 않는다. 질투심을 느끼는 데 방해되기 때문이다. 반대로 시기심은 개인적으로 중요한 관계를 맺고 있는 사람들과 관련이 있다. 이때 감정을 이입하는 문제는 매우 큰 역할을 한다. 질투심은 질투를 하는 사람과 대상이 되는 사람의 관계로 규정된다. 시기심은 시기하는 남자와 청혼을 받은 여자, 경쟁자인 다른 남자라는 일종의 삼각관계로 드러난다.

질투심과 시기심은 적대감과 결합되어 나타나는 경우가 많다. 질투심보다는 시기심이 사회에서 더욱 많이 용인된다. 시기심 안에는 질투심이 심하게 포함될 수 있다. 경쟁자가 누군가에게 자기보다 더 큰 사랑과 관심을 받으면 질투하기도 한다. 경쟁자가 지닌 장점, 그가 누리는 행운을 질투하기도 한다. 그렇다고 질투심 안에 시기심이 반드시 포함되는 것은 아니다. 자신과 상관없는 사람이 누리는 특권에 대해 질투심을 느낄 수도 있기 때문이다.

05
질투의 딜레마

질투심을 단순히 인간적인 결점이라고 폄하하지는 못한다. 우리는 일상에서 날마다 사회적 불평등과 마주하기 때문이다. 그중에는 우리가 충분히 납득할 만한 것도 있다. 같은 직장에서 종일 근무하는 사람이 반나절만 일하는 사람보다 많은 월급을 받는 경우가 그렇다.

어떨 때는 상황이 너무 자의적이라서 납득하기가 어렵다. 같은 직장에서 같은 업무를 수행하면서 여자들이 남자들보다 적은 월급을 받는 경우가 그렇다. 질투심에는 차이가 존재하는데, 우선권의 분배가 자의적으로 이루어졌다고 느껴지면 더욱 심해진다.

질투심과 정의를 실현하기 위한 노력은 사회적 불평등에서 출발한다. 사회학적 관점으로 보면 정의와 공정함은 사회에서 정당한 것으로 평가되는 분배의 원칙에 관한 문제로 귀결된다. 사람들은 불평등한 대우를 받는 이유가 타당하다면 현실을 받아들인다. 이때 분배의 원칙은 논란의 소지가 된다.

예를 들어 가치 있는 물건을 나눠 가지면서 불평등한 분배가 이루어졌다고 하자. 어떤 원칙을 적용했느냐에 따라 전혀 다른 해석이 가능해진다. 가장 많이 적용되는 원칙은 평등한 분배, 수요의 정의, 능력의 정의 등이다.

다음 네 가지 원칙 중 당신은 어느 것을 적용해야 한다고 생각하는가? 과연 어느 원칙이 가장 정당하고 정의로울까?

- 각자 필요한 만큼 받기
- 모두에게 균등하게 분배하기
- 모두가 원하는 만큼 받기
- 능력만큼 받기

설문 조사 대상자들 가운데 44.9퍼센트는 '능력만큼 받기'가 가장 정의로운 분배라고 대답했다. '각자 필요한 만큼 받기'가 옳다고 응답한 사람은 37.3퍼센트였다. '모두에게 균등하게 분배하기'가 옳다고 말한 사람은 13.5 퍼센트였다. '모두가 원하는 만큼 받기'가 정의로운 분배라고 응답한 사람은 4.3퍼센트에 불과했다.

절대적인 평등과 정의는 어떤 문화권이나 공동체 내에서도 이루어질 수 없다. 정의에 대한 해석 자체가 너무나 다양하다는 이유 하나만으로도 이미 불가능하다. 결과적으로 질투심은 함께 살아가는 이 세상에 항상 속해 있다. 사정에 따라 유효한 정의의 원칙을 실현해 나가는 것도 삶의 일부이다. 모든 것이 우리가 살아가는 사회를 일부 구성하고 있으며 정당이나 노동조합, 기타 다양한 이익 단체들에게는 반드시 필요하다.

질투심과 정의를 위한 노력은 매우 밀접한 관계를 지니고 있다. 현대의 모든 경쟁 사회를 이루는 요소에 속한다. 그렇지만 어떤 경우에도 정의를 위한 노력을 질투심으로 축소시킬 수는 없다.

정의를 실현하기 위해 노력하는 과정에서 더 중요한 역할을 하는 것들이 있다. 남을 도우려는 자세와 같은 이타적 동기, 사회 참여, 결속, 더 높은 목표를 위해 노력하기, 평화에 기여하는 행동 등이다.

질투심이 자주 표출된다는 것은 사회적 불평등이 만연하다는 증거이다. 법적·사회적 시스템에 대한 비판적 의문이 제기되며, 변화를 위한 노력이 필요하다는 신호일 수 있다. 질투심은 더 나은 세상을 만드는 추동력으로 작용한다. 사회적·개인적으로 보아도 그렇다. 정의로운 세상이 될 수 있다는 대전제에 동의하면 말이다.

열망의 대상이 되는 높은 연봉, 사회적 지위가 개인의 지식이나 능력, 노력의 여부와 상관없이 선택받은 자들에게만 주어지면 질투심이 발생한다. 후퇴적·적대적 형태의 질투심이 생겨난다. 다른 사람만큼 높은 지위나 재산을 가져 보려는 노력이 처음부터 전망이 없다고 보이지 않을 때 사람들은 경쟁하며, 자신의 상황을 개선하기 위해 노력한다.

인정을 하는 가장 솔직한 형식은 바로 질투다.
- 빌헬름 부슈

Chapter 3

질투심에 관한 솔직한 문답

01
우리는 타인에게 얼마나 관대할까?

우리는 살면서 자신의 감정이나 사고방식, 행동 양식에 대해 점점 더 잘 알게 된다. 그러면서 자신이 반응하는 방식을 보다 정확하게 평가한다. 한 번쯤은 자신이 얼마나 질투심을 심하게 느끼는지, 어떤 경우에 질투심이 발동하는지 직감적으로 평가해봤을 것이다. 우리는 특히 감정이 상하는 지점에 대해서도 알고 있으며, 질투심과 별로 상관이 없는 부분도 안다. 이어서 소개하는 자기 진단 테스트를 통해 우리가 실제로 느끼는 질투심에 대해 세밀하게 알아보기로 하자.

질투심 테스트

아래 질문을 읽고 자신에게 해당하는 항목에 체크해 보자. 단, 많은 생각은 하지 않는다. 가장 먼저 머릿속에 떠오른 대로 답변하는 것이 좋다. 한 문항도 건너뛰지 말고 모두 답변해야 한다. 적절한 답이 아니다고 판단되면 가장 먼저 눈에 들어온 답을 체크한다.

질문 1

회사에서 사옥 이전 기념으로 성대한 파티를 열었다. 동료 직원은 사람들에게 둘러싸여 있는데, 당신은 사람들의 관심을 전혀 받지 못하고 멋쩍게 서 있다. 당신은 어떤 반응을 보이겠는가?

- 소외당한 기분이 들어 집에 간다. DN ☐
- 인기 많은 동료 직원을 축하해 준다. AN ☐
- 이것은 정말 부당하다. 잘난 척하는 꼴도 못 봐주겠다! FN ☐
- 어떻게 하면 동료 직원처럼 사람들에게 관심의 대상이 될지 곰곰이 생각한다. BN ☐

질문 2

'타인의 불행을 기뻐하는 것이야말로 최고의 기쁨'이라고 생각하는가?

- 물론 그렇다! FN □
- 전혀 그렇지 않다. 다른 사람이 불행한 일을 당하면 난 전혀 기쁘지 않다. AN □
- 별로 그렇게 생각하지 않는다. 다른 사람이 불행해지기보다 내가 행복해지는 것이 나에게는 더 중요한 문제이다. BN □
- 항상 나보다 잘나 보이던 사람이 불행해지면 속으로는 기분이 좋다. DN □

질문 3

새로 이사 온 이웃집 사람은 항상 기분이 좋아 보이고, 언제나 낙관적이며, 누구에게나 친절하다.

- 그 사람만 보면 괜히 주눅이 든다. DN □
- 정말 괜찮은 사람이라고 생각한다. AN □
- 모두 위선이라고 생각한다. FN □
- 나도 이웃집 사람처럼 되고 싶다. BN □

> 질문 4

어떤 사람이 퀴즈 대회에 출전하여 1등을 했다. 상금으로 10억 원을 받는 모습을 텔레비전에서 보았다. 당신의 반응은?

- 저렇게 돈을 많이 주다니! 나도 언제 한번 신청해 봐야지. BN ☐
- 난 절대 안 돼. 괜히 출연했다가 망신만 당할 거야. DN ☐
- 저런 문제의 정답도 알고 있다니, 정말 대단한 사람이야! AN ☐
- 실력보다 운이 좋았어. 인정할 수 없어! FN ☐

> 질문 5

당신이 최고 적임자라고 생각하는 회사에 응시를 했는데, 결국은 다른 사람이 최종 합격했다. 당신의 반응은?

- 그러면 그렇지. 난 항상 운이 없어. 다른 사람들이 가진 무언가가 나에게는 없나 봐. DN ☐
- 그래, 최후의 승자는 한 명뿐이야. 축하해. AN ☐
- 다음번에는 언제 응시할 수 있지? BN ☐
- 말도 안 돼! 하필이면 저렇게 멍청한 인간이? FN ☐

> 질문 6

직장 동료가 새로 산 최고급 스포츠카를 타고 나타나 잘난 척을 한다. 현재 당신은 10년 넘게 소형 중고차를 타고 있다. 당신의 반응은?

- 저런 고급 스포츠카를 타다니. 정말 대단하네. AN ☐
- 저건 완전 사치 덩어리야. 항상 잘난 척만 하는 놈에게 딱 어울리네. FN ☐
- 나도 조금만 더 열심히 일하면 좋은 차를 살 수 있을 거야. BN ☐
- 나도 저런 차를 타고는 싶지만, 솔직히 산다고 해도 유지비를 감당하지 못할 거야. DN ☐

> 질문 7

친구 두 명과 함께 게임을 하고 있다. 벌써 다섯 번이나 했는데, 매번 꼴찌다. 나머지 두 친구가 교대로 1등을 하며 신이 나서 환호성을 지른다.

- 두 녀석이 짜고 사기를 치고 있어! FN ☐
- 계속 꼴찌만 하니까 왠지 기가 죽는 기분이야. DN ☐
- 다음번에는 내가 이길지도 몰라. BN ☐

. 친구들이 이겨서 기쁘다. AN ☐

> 질문 8

어렸을 적 친구가 베스트셀러를 여러 권 써서 텔레비전 토크쇼에 자주 출연하는 모습을 보게 됐다. 당신은 무슨 생각이 드는가?

. 정말 잘됐네. 어떻게 하면 나도 성공할지 생각해 봐야겠어. BN ☐

. 난 저렇게 성공하지 못할 거야. DN ☐

- 우와! 멋지게 성공했네. AN ☐
- 저 녀석이? 학교 다닐 때는 제일 꼴 보기 싫었던 녀석이 하필이면 저만큼 성공하다니. FN ☐

> 질문 9

콘서트장 앞에 끝도 없이 늘어선 줄의 한참 뒤쪽에 당신이 서 있다. 그때 뒤늦게 나타난 두 사람이 천천히 앞쪽으로 걸어가 입장권을 보여 주고 곧바로 안으로 들어간다.

- 뭐 저런 인간들이 다 있어! 도대체 뭐가 그렇게 잘난 거야? FN ☐
- 저 사람들은 좋겠다. 너무 오래 서 있어서 나는 다리에 쥐가 날 지경인데. DN ☐

- 아마 공연 관계자들일 거야. AN ☐
- 어떻게 하면 저런 입장권을 살 수 있는지 나중에 한번 알아봐야겠다. BN ☐

(질문 10)

선거에서 비례 대표 의원을 신청했는데, 당선 가능성이 희박한 순번으로 정해졌다. 당신의 반응은?

- 항상 같은 사람들이 제일 좋은 순번을 받네. 어차피 난 이번에도 틀렸어. DN ☐
- 이런 빌어먹을! 선거 운동 기간에 손가락 하나 까딱해서 전부 망쳐 놓을 수도 있어! FN ☐
- 어차피 조만간 선거가 치러질 거야. 그때는 좋은 순번을 받겠지. BN ☐
- 아쉽다. 좋은 순번을 얻은 사람들이 참 부럽네. AN ☐

(질문 11)

사고 싶었던 물건을 동료 직원이 가지고 있는 모습을 보게 되었다. 당신은 제일 먼저 무슨 생각이 드는가?

- 다른 사람이 가지고 있는 것은 나와 상관없는 일이야. AN ☐

- 와! 어떻게 저걸 갖게 됐지? BN ☐
- 엄청나게 화가 나! FN ☐
- 왠지 기가 죽는 걸. DN ☐

질문 12

친구가 최신형 스마트폰을 샀다. 당신의 반응은?

- 나도 사고 싶지만 저 모델은 너무 비싸. DN ☐
- 잘난 척하려고 산 것이 분명해. FN ☐
- 나도 당장 사야겠다! BN ☐
- 친구가 최신형 스마트폰을 사서 기쁘지만, 난 내 스마트폰에 만족해. AN ☐

질문 13

당신의 절친한 친구는 동갑인데도 열 살은 더 젊어 보인다. 당신은 무슨 생각이 드는가?

- 타고난 유전자가 우월한 모양이지. DN ☐
- 이건 불공평해! 저 친구 옆에 서서 나 혼자만 늙어 보이는 것은 못 참겠어! FN ☐
- 어떻게 저만큼 젊어 보이지? 나도 좀 더 매력적으로 보일 방법을

찾아야겠어. BN ☐

• 젊어 보여서 좋네. 그래도 난 내가 참 매력적이라고 생각해.
AN ☐

질문 14

동료 직원은 몸무게를 줄여서 엄청나게 날씬해졌다. 당신은 다이어트와 운동을 꾸준히 하는데도 도무지 살이 빠지지 않는다. 당신의 반응은?

• 무엇 때문에 이런 고생을 하지? 어차피 살이 빠지지도 않을 텐데.
DN ☐

• 조금만 더 인내심을 가져 보자. 계속 노력하면 나도 다이어트에 성공할 거야. BN ☐

• 이건 불공평해! 분명히 이상한 약을 먹고 살을 뺐을 거야.
FN ☐

• 살이 빠지니 정말 예뻐졌어. 축하해 줘야지. AN ☐

질문 15

자녀는 새로 구입한 전자 제품을 단 몇 분 만에 능숙하게 다루고 있다. 당신은 아무리 설명서를 읽어 봐도 도무지 무슨 말인지 모르겠다. 당신은 무슨 생각이 드는가?

- 내 아이가 저렇게 기계를 잘 다루니 정말 기쁘군! AN ☐
- 녀석, 너무 잘난 척하는 거 아냐? FN ☐
- 그것 참 놀라운걸! 나도 빨리 배워야겠어. BN ☐
- 이젠 자식들보다도 뒤처지는구나. DN ☐

질문 16

절친한 친구와 함께 파티에 갔다. 이성들이 나보다 친구에게 더 큰 관심을 보인다. 당신의 반응은?

- 맙소사! 쟤네들 도대체 뭐하는 짓이야. 꼴사나워서 못 봐주겠네. FN ☐
- 내 친구가 인기가 많아서 기분이 정말 좋군. AN ☐
- 어쩜 저리 인기가 많지? BN ☐
- 있으나 마나 나는 완전 투명 인간이야. DN ☐

질문 17

당신보다 월급을 많이 받지 않는데도 항상 완벽한 옷차림으로 사람들의 관심을 한 몸에 받는 직장 동료가 있다면?

- 좋은 옷을 고르는 재주가 있구나. 정말 멋져! AN □
- 무슨 서커스 단원도 아니고 말이야. 게다가 걷는 모양새는 또 뭐야? FN □
- 집에 있는 옷들을 한번 점검해 봐야겠어. 나에게 잘 어울리는 옷들만 남기고 나머지는 처분해야지. BN □
- 나도 저런 옷을 사고 싶지만, 항상 돈이 부족해. DN □

질문 18

당신과 같은 조건의 동료 직원이 있다. 그는 당신보다 즐겁게 일하고 자신의 삶에 매우 만족해한다. 그런 그의 모습을 보면 어떤 생각이 드는가?

- 난 저 사람이 좋아. 옆에만 있어도 기분이 좋아지는 것 같아. AN □
- 저 사람은 좋겠다. 우리 부모님은 맨날 싸움만 하는데, 저 사람네 가정은 무척 화목한가 봐. DN □
- 저 인간은 항상 실실거리며 웃어서 신경질이 나! 저게 모두 가식이야. FN □
- 정말 멋진걸. 저런 태도는 나도 좀 배워야겠어. BN □

> 질문 19

직무 교육을 받는 동안 다른 동료들이 당신보다 이해력도 빠르고 시험에서도 좋은 점수를 받고 있다. 당신은 어떤 반응을 보이는가?

- 기운이 쏙 빠지네. 난 왜 이리 멍청하지. DN ☐
- 다른 사람들은 어떻게 공부를 할까? 나도 좀 더 효과적으로 공부하는 전략을 찾아봐야겠어. BN ☐
- 전부 사기꾼들이야! 분명히 컨닝을 했을 거야. FN ☐
- 정말 부러워. 사람마다 가진 능력이 다르구나. AN ☐

> 질문 20

친구는 프리랜서여서 편한 시간에 자유롭게 일한다. 반면 당신은 회사에서 근무 시간을 자율적으로 선택할 권한이 전혀 없다. 당신은 어떤 생각이 드는가?

- 지금은 좋겠지. 하지만 저러다 언젠가는 큰 코 다칠걸. 세상이 그렇게 호락호락한 줄 알아? FN ☐
- 왜 난 항상 한심하고 고지식한 직장에만 다닐까? DN ☐
- 저렇게 일하는 것은 분명 큰 장점이야. 미래가 불안정한 대신 자유를 누리지. 세상은 공평해. AN ☐

• 지금보다 많은 자유 시간을 누릴 직업을 찾아봐야겠어. BN □

> 평가

위의 질문에 답한 내용을 확인해 보자.

질문	AN	DN	FN	BN
1				
2				
3				
4				
5				
6				
7				
8				
9				
10				
11				
12				
13				
14				
15				
16				
17				
18				
19				
20				

'AN'이라고 답변한 항목이 12~20개
: 질투하지 않고 타인의 행복에 기뻐할 줄 아는 사람

당신은 다른 사람이 자신보다 많은 것을 가지고 있어도 불쾌한 기분을 거의 느끼지 않는다. 오히려 정반대다. 심지어 당신은 본인의 상황이 좋지 않더라도 다른 사람에게 좋은 일이 생기면 기뻐하는 경우가 더 많다. 당신은 자신의 장점이나 행복의 원천이 무엇인지 명확하게 인식하고 있다. 다른 사람의 삶도 당신의 삶과 마찬가지로 좋을 때가 있고, 나쁜 경우도 있다는 사실을 잘 알고 있다.

당신은 현재의 삶과 자신에게 만족하고 있다. 모든 것이 가장 이상적인 형태에 머물기를 바라지도 않는다. 다른 사람이 자기보다 잘 지내거나 못 지내는 것에 영향을 받지 않는다. 물론 당신에게도 이루기 쉽지 않은 꿈이 있고 원하는 바가 있지만, 당신의 행복은 그것들을 이루었는가에 따라 달라지지 않는다.

더 생각해 볼 점

수프에 양념을 치듯이 당신에게는 가끔씩 질투심이 필요하다. 약간의 질투심이 당신의 꿈과 원하는 바를 이루게 하는 자극제가 될 것이다.

DN'이라고 답변한 항목이 12~20개
: 질투심 때문에 낙담하는 사람

　당신은 후퇴적 질투심을 지닌 사람이다. 당신은 다른 사람과 자신을 비교하느라 종종 스스로 뭔가 부족하다고 느낀다. 언제나 당신의 시선은 다른 사람이 가진 장점과 당신의 부족한 점에만 고정되어 있을 확률이 높다. 결국 당신은 자신이 지닌 장점들을 바라보지 못한다. 당신이 질투하고 있는 사람에게 부족한 점이 무엇인지도 보지 못한다.

　당신은 항상 다른 사람들이 얼마나 잘 지내고 있는지만 생각한다. 행복해지기 위해 무엇이 부족한지만 생각한다. 다른 사람이 자기보다 많은 것을 가졌고, 이루었다는 사실을 알게 될 때마다 스스로 지쳐 간다. 그들과 같아지고 싶은 바람은 있으나, 그러기에는 자신의 능력이 부족하다고 생각한다. 버텨서 뜻을 이룰 만한 기운이 없다고 판단한다. 대부분은 도전해 보기도 전에 고개를 돌리고 만다. 일이 어찌되든 시도라도 해보려는 적극적인 자세가 결여되어 있다.

　당신이 원하는 것을 다른 사람이 누리고 있어도 적극적으로 행동에 옮기지 않는다. 오히려 그럴 때마다 슬퍼하고 용기를 잃는 편이다. 특히 다른 사람들은 별로 힘들이지 않고 목표를 성취했을 것이라 생각하며 슬퍼하고 고통스러워한다.

> **더 생각해 볼 점**

당신이 가진 강점들에 대해 수시로 생각해 보기를 권한다. 자신과 자기 삶에 만족할 만한 부분이 무엇인지도 생각해 보자.

'FN'이라고 답변한 항목이 12~20개
: 불쾌감으로 인해 불만족스러운 사람

당신은 적대적 질투심을 지닌 사람이다. 당신은 경쟁심이 매우 강하며 언제나 남들보다 우위에 있으려 한다. 다른 사람이 자기보다 많은 것을 가졌거나 뛰어난 능력이 있다는 사실을 좀처럼 받아들이지 못한다. 남들보다 뒤처졌다는 생각이 들면 화를 내거나 분노를 느낀다. 예를 들어 직장에서 동료 직원이 당신 덕에 성공했다는 생각이 들면 질투심은 분노로 바뀐다. 당연한 반응이며 충분히 납득되는 상황이지만, 그렇지 않은 상황조차도 부당하다고 생각할 때가 종종 있다.

당신은 경쟁자가 이룬 성공에 의심을 품는다. 상대를 당신과 같은 위치로 끌어내리기 위해 험담을 하기도 한다. 그래야 서로 동등해졌다는 기분이 든다. 주로 사용하는 방법은 상대를 비판하거나 약점을 찾아내 다른 사람들 앞에서 알게 모르게 그 사실을 알리며 깎아내리는 것이다.

　다른 사람이 자기보다 우월해서는 안 된다. 당신이 그 사실을 견디지 못하기 때문이다. 그럼에도 계속해서 당신보다 부유하고, 능력 있고, 매력적인 사람들을 만난다. 그 결과 끊임없이 불만족스러움을 느낀다. 상대방을 무시하면 할수록 순간적으로 당신의 마음은 가벼워지겠지만, 문제가 근본적으로 해결되지는 않는다. 자신의 가치를 타인과 비교해서 정의하는 행동만 끊임없이 하게 된다.

더 생각해 볼 점

만일 당신이 지닌 에너지를 진정으로 원하는 일에 쓴다면 지금보다 훨씬 더 큰 성공을 거둘 것이다.

'BN'이라고 답변한 항목이 12~20개
: 선망을 통해 스스로 동기를 부여하는 사람

　당신은 선망적 질투심을 지닌 사람이다. 당신은 가끔씩 다른 사람에게 질투심을 느끼지만, 굳이 숨기려 하지 않는다. 질투심 때문에 승자에게 복수하려고도 하지 않는다. 오히려 정반대다. 당신은 다른 사람의 성공을 바라보며 더 많은 능력을 발휘하기 위해 노력한다.

당신의 질투심은 불쾌감에서 자유롭다. 질투심이 당신을 자극하기는 하지만, 파괴적인 자극이 아니다. 당신은 다른 사람이 성공하면 어떻게 해야 비슷한 위치에 오를지 고민한다. 방법을 찾기 위해 노력한다. 그러다 보면 질투심은 어느새 생각 저편으로 밀려난다. 당신은 질투의 대상이 아니라 자신에게 주어진 가능성과 기회에 집중한다.

더 생각해 볼 점

실행에 옮기기 전에는 자신에게 중요한 것이 무엇인지를 항상 질문하자.

질투심은 종종 뒤섞인 형태로 나타난다. 상황에 따라 이런저런 반응이 두드러지게 나타나기도 한다. 만일 자기 진단 테스트에서 **DN**과 **FN**이라고 대답한 항목의 수가 거의 비슷하다면 사안에 따라, 그날의 기분이나 상태에 따라 다르게 반응한다는 증거이다. 어떤 기분인지에 따라 기회가 없다고 생각하거나, 상대가 부당하게 이득을 얻었다고 생각한다. 느끼는 것에 따라 낙담하거나, 공격적인 반응을 보이기도 한다.

BN, DN, FN을 고루 선택한 사람도 있을 것이다. 상황에 맞취 질투심을 자신에게 유용하고 건설적으로 쓰기도 하지만, 낙담하거나 공격적 질투심도 느낀다는 뜻이다. 어느 항목에 DN, FN이라고 답변했는지 다시 꼼꼼하게 살펴보는 것이 매우 중요하다. 그래야 언제, 어떤 형태로 질투심을 느끼며 어떻게 반응하는지 스스로 인식할 수 있다.

DN과 BN, FN과 BN의 수가 비슷하게 나타나는 사람도 있다. 특정 상황에서는 긍정적인 반응을 보이지만, 고통을 느끼거나 모욕감을 느낀 상황도 있다는 뜻이다.

위로 올라가 내용을 다시 확인하여 자신이 보인 반응과 행동 유형들을 살펴보면 자신의 성향을 이해하는 데 큰 도움이 된다.

정의와 질투심은 분명 상관이 있다. 정의를 규정짓는 최고의 문장은
'모두에게 똑같이'기 때문이다.
 - 발터 라테나우

Chapter 4

질투의 원인과 결과는 무엇인가?

01
질투, 타고난 것인가?
후천적인 것인가?

앞 장의 테스트 결과를 통해 알 수 있듯이 질투심에 사로잡히는 정도는 개인마다 다르다. 질투심 자체도 개인마다 느끼는 정도가 완전히 다르다. 질투를 다스리는 방법 역시 차별적이다. 어떤 사람은 어차피 자기는 다른 사람과 동등한 기회를 가질 수 없다고 중얼거리며 체념한다. 그런가 하면 핏대를 세운 채 다른 사람이 가진 것을 자기도 갖겠다고 하는 사람도 있다. 부러움의 대상이 되는 것을 가져서 행복해지는 대신, 그것의 가치를 깎아내려 만족을 얻는 사람도 있다. 그런 방법으로 질시의 대상이 되는 사람이 느낄 즐거움에 찬물을 끼얹는다.

다른 사람들보다 질투심을 더 잘 느끼는 사람들이 있다. 왜 그런 것일까. 유전자 탓일까. 아니면 개인적인 사정이나 주변 환경 때문일까.

질투는 본능이다

질투가 모든 문화권에서 나타난다고 볼 때 세계의 많은 종교들이 질투를 금지한다. 질투뿐 아니라 그에 따른 부정적인 결과들을 경계해야 한다고 주장한다. 수백 년 전부터 철학, 회화, 시, 심리학에서 질투를 다루고 있다. 질투가 우리 감정의 하드웨어에 속하며, 유전 요소에서 나온 것이라는 가정을 뒷받침한다.

최근 행동 연구가 프리데리케 랑에 Friederike Range 는 빈대학의 연구팀과 함께 개들도 질투심을 느낀다는 사실을 밝혀냈다. 원숭이들 사이에도 질투가 있음을 밝힌 연구도 있다. 이런 결과들을 보면 질투가 진화 발전상 유리하고도 중요한 감정이라는 결론이 나온다.

실제로 질투가 진화의 중요한 요소라는 확신을 갖는 학자들이 있다. 미국의 인류학자 크리스토퍼 보엠 Christopher Boehm 은 질투를 자신의 운명을 바꾸려고 하는 강력한 충동으로 본다. 모든 질투에 선행하는 '비교'는 뇌가 강자와 약자를 인식하도록 돕는다고 주장한다. 인간이 타인과 자신을 비교하지 않는다면 개인적 발전을 위한 어떤 기준치도 갖지 못할 것이다. 어쩌면 인간은 자신의 재능과 능력을 펼치는 데 관심조차 갖지 않았을지도 모른다.

이런 연구 결과는 고무적이다. 질투가 자연스러운 것이라면 스스로를 부족한 사람이라고 느낄 필요가 없다. 다른 사람들에게 질투심을 느낀다고 부끄러워하지 않아도 된다.

다만 질투라는 감정을 대할 때 어려운 점이 있다. 서양의 전통에서는 비록 서양만은 아니겠지만 질투에서 완전히 해방된 상태를 이상적으로 간주한다는 것이다. 대부분의 사람들이 질투는 부끄러워해야 하고, 반드시 물리쳐야 하는 감정이라는 인식 속에서 자랐다. 질투심과 늘 붙어 다니는 공포, 슬픔, 분노가 감정을 구성하는 하드웨어라는 점도 질투를 다루는 것을 어렵게 한다.

질투심을 완전히 제거하려면 우리의 일부를 부정해야만 하는 상황이 되고 만다. 물론 가능한 일은 아니다. 우리는 질투심이 없어야 한다는 당위와 본성 중 하나라는 사실을 두고 갈등한다. 그런 딜레마 때문에 우리는 질투심을 인정하고 슬기롭게 대처하는 법을 배우는 데 어려움을 겪는다.

머릿속 영화와 감독

우리는 경험을 통해 감정의 기본 하드웨어가 동전의 양면 중

하나에 불과하다는 점을 알고 있다. 동전의 한 면은 우리가 가진 다양한 유전적 요인들 중 어떤 것들이 살면서 강화되거나 약화될 수 있는지와 관계된다. 자기 이해와 능력과 관련해 어떤 유형의 생각과 행동이 형성되었는지도 관계된다.

질투심의 목표가 자신보다 우월하다고 생각되거나 실제로 우월한 대상과 동등하게 되는 것에 있다는 사실은 의심의 여지가 없다. 이를 위해서는 인지적 비교 과정이 필요한데, 기본적으로 뇌의 진화 역사상 나중에 발달된 전두피질에서 관할한다. 신경과학자 안토니오 다마시오Antonio Damasio는 전두피질이 감정과 이성 사이에서 일종의 전달자 역할을 한다는 것을 관찰했다.

안토니오 다마시오의 주장은 다음과 같다. 감정은 진화 역사상 더 오래된 대뇌변연계에서 나온다. 전두피질은 감정들을 이미 저장된 기억들과 그에 상응하는 가치 판단들, 다시 말해 경험 지식에 연관시킨다는 것이다. 그는 다음과 같이 말했다.

"의식에는 두 가지가 있다. 하나는 머릿속에서 돌아가는 필름이다. 즉, 연속적으로 이어지는 장면들, 생각들, 감정들의 흐름이다. 두 번째로는 자아이다. 머릿속에서 돌아가는 필름의 주인이다."

우리가 하는 모든 경험이 생각 속에서만 가치가 평가되고 분류되는 것은 아니다. 항상 구체적인 행동으로 결과가 나온다. 우리가 어떤 결정을 내리고, 어떤 동기로 행동하는지는 그동안 저장된 경험 지식에 근거한다.

살면서 갖는 감정과 행동 유형은 사람마다 다르다. 어떤 사람은 이웃이 자기보다 많은 것을 누릴 수 있다는 사실에 별문제를 느끼지 못한다. 반대로 그것에 앙심을 품는 사람도 있다. 어떤 사람은 이웃의 새 자동차를 보면서 '와, 멋진데! 나도 저런 차가 있었으면 좋겠다'라는 생각만 하고 곧 잊어버린다. 어떤 사람은 그 사실을 두고 질투가 날 수도 있다. 결과적으로 분노를 느끼거나 졌다고 생각해 질투의 대상처럼 되고 말겠다며 애를 쓰기도 한다. 도대체 그런 차이는 어디에서 오는 것일까?

'나-의식' 대 '우리-의식'

어렸을 때 우리의 행동을 결정하는 것은 재미였다. 점차 자라면서 다른 사람과 살기 위해 감정을 조절하는 법을 배운다. 일시적으로 드는 충동에 따라 행동하면 안 된다고 배운다. 부모님, 형제자매, 주변의 사람들과 더불어 살면서 우리를 둘러싼 모든 것과 상황들을 어떻게 해석하고 판단해야 하는지 배운다.

이때 우리의 가치 판단은 결정적으로 두 가지 심리적 기본 욕구에 근거한다. 하나는 친밀감, 소속감, 편안함에 대한 욕구이다 우리-의식. 다른 하나는 자율성, 능력과 재능을 자유롭게 펼치고 싶은 욕구이다나-의식. 우리는 어딘가에 소속되고 싶은 동시에 다른 이들과 다르고 싶어 한다. 소속감과 개별성을 두고 각자에게 맞는 균형점을 찾는 것은 우리를 일생 동안 따라다니는 숙제이다.

생각할 거리

특정 그룹이나 단체에 소속되고 싶은 욕구와 개별적으로 남고 싶은 욕구를 머릿속에 떠올려 보자. 그런 뒤 다음의 질문에 답해 보자.

- 나는 삶의 어떤 영역에서 소속감에 대한 욕구를 강하게 느끼는가? 어디서 우리라는 감정을 강하게 체감하는가? 이 감정이 큰 역할을 할 때는 어떤 결정을 내리는 순간인가?
- 삶의 어느 영역에서 자신이 다른 사람들과 구분되며 특별하다는 것이 중요하게 여겨지는가? 이것이 큰 역할을 할 때는 어떤 결정을 내리는 순간인가?
- 삶에서 두 욕구가 충돌을 일으키는 영역이 있는가? 있다면 어떻게 나타나는가? 보통 그런 상황에서 자신은 어떻게 행동하는가? 자신에게 알맞은 해결책이나 타협책은 무엇인가? 해결책이나 타협점을 찾을 수 없다면 어떤 지점에서인가?

일반적으로 두 욕구 중 어떤 욕구가 더 강한지 생각해 보자.

소속감과 개별성은 상충하는 욕구이다. 두 가지 욕구 중 어느 것이 더 좋고 나쁘다고 말할 수 없다. 여기서 균형을 잡는다는 것은 두 욕구가 우리 안에서 50대 50으로 발휘되어야 한다는 뜻이 아니다. 균형이란 일상생활 속에서 언제 소속감이 우선시되는지, 언제 개별성과 차별성이 우선시되는지 결정할 수 있음을 뜻한다.

아이들은 타인과의 관계 속에서 자신을 볼 수 있는 능력이 될 때부터 질투를 느낀다. 나-의식이 자라 개별성에 대한 욕구가 커지고, 자신이 공동체의 한 부분임을 의식하는 나이이다. 심리학에서는 가족 내에서 부모님의 사랑과 관심을 놓고 벌이는 형제간의 경쟁이 질투의 기본 모델로 간주된다. '누구는 무엇을 해도 되지만, 누구는 안 된다', '누가 어떤 장난감을 받는가'를 놓고 경쟁하는 것이다.

한 설문 조사의 응답자들은 형제 사이의 질투가 가장 일찍 경험한 질투라고 대답하기도 했다. 형제 사이의 질투를 다른 형태의 질투심보다 자주 느꼈는지, 혹은 추측으로 대답한 것인지는 분명하지 않다. 형제가 없는 사람들은 여기에 해당되지 않기 때문이다.

생각할 거리

당신의 개인적 성장 과정을 살펴보자. 당신의 어렸을 때를 떠올려 보기 바란다. 가족 내에서 어떤 경험을 했는가? 유치원에 다니거나 초등학교에 다니며 무엇을 느꼈는가? 생각이 정리되었다면 다음 질문에 대답해 보자.

- 어렸을 때 내가 자주 질투심을 느꼈던 사람은 누구였는가?
- 다른 사람을 부러워했다면 무엇 때문이었는가?
- 당시 질투를 느꼈을 때 보인 (타고난 성격에서 기인한) 반응들은 현재의 반응 형태와 유사한가? 아니면 현재는 당시와 완전히 다르게 행동하는가? 후자라면 언제, 어떤 계기를 통해 반응에 변화가 생겼는가?

우리의 많은 사고와 행동 유형들은 삶의 초반에 이미 형성된다. 그렇다고 변할 여지가 없지는 않다. 그럼에도 이런 유형을 스스로 인식하지 못한다면 사고와 행위를 능동적으로 변화시킬 수 없을 것이다.

질투의 비극

나-의식, 남과 자신을 비교하는 능력과 더불어 우리가 발전시키는 능력은 부당함을 인식하는 것이다. 질투가 강한 성격은 잘못된 교육 방법의 결과일 수 있다. 부모가 편애하면 자녀의 불만족, 적대적 감정, 좌절감은 더욱 강화된다. 수년 동안 차별받았다고 생각하는 자녀는 자신이 잘못했기 때문이라고 생각해서 자기 가치에 확신을 갖지 못한다. 그 결과 다른 형제보다 못하다는 감정이 내면화될 수 있다. 자신에게는 삶이 공평하지 않다고 배울 것이다.

이런 경험을 내면 깊숙이 간직한 아이가 자라 어른이 되면 어떻게 될까? 일상에서 부딪히는 크고 작은 부당한 일들을 대수롭게 넘기기가 쉽지 않을 것이다. 예를 들어 자신이 눈독 들인 주차장소를 다른 사람이 차지한다면 좌절감을 느낀다. 직장에서 이유 없이 차별받는 등의 명백하게 부당한 일을 당해도 어떻게 대응해야 할지 몰라 어려움을 느낀다. 결국 그가 배우는 것은 다음과 같다.

'어차피 나는 안 돼.'

'원하는 것을 항상 얻지 못하는 꼴을 보면 나는 뭔가 잘못된 것이 틀림없어.'

'내게는 결함이 있어서 무언가를 위해 애쓰는 것은 아무 소용

이 없어. 다른 사람들은 처음부터 더 많은 가능성, 힘을 갖고 있으니까 나와 다르단 말이야.'

'내가 나를 지키려고 하면 더 많이 잃을 뿐이야. 지금의 내가 아닌 다른 나였다면 얼마나 좋을까. 더 강하고, 아름답고, 똑똑한!'

질투심이 강해진 다른 원인도 있다. 부모의 사랑과 관심을 얻기 위해 부모가 가진 높은 기대를 충족시켜야 했던 경험이 있는 경우이다. 그런 압박 때문에 자신의 관심과 즐거움을 발견하지 못하면 타고난 재능은 대부분 계발되지 못하고 묻힌다. 어른이 되어서도 다른 사람의 기대에 맞추려고 안달한다. 계속해서 다른 사람들에게 확인받으려 한다. 주변은 자신의 말에 맞장구쳐 주는 사람들과 감탄해 주는 사람들로 진을 친다. 자신들이 꼭 필요로 하는 인정을 받지 못하면 아주 민감하게 반응한다. 다른 사람이 자기보다 많은 관심을 받으면 매우 기분 나빠 한다. 그런 경험으로부터 이들이 배우는 것은 다음과 같다.

'내가 다른 사람의 기대를 완벽하게 충족해야만 사랑받고 인정받을 거야.'

'사랑과 인정을 잃지 않기 위해서는 다른 사람들이 나보다 우월해 보이지 않도록 항상 경계해야지. 늦춰서는 안 돼.'

'아! 내가 항상 모든 것을 똑바로 할 수 있다면 얼마나 좋을까!'

흔히 반복되는 특성들은 특정 사고 유형과 반응 유형을 형성하여 의식 속에 각인된다. '넌 그걸 못 해, 형보고 하라고 해라', '만지지 마. 네가 손대면 망가진다', '저리 가. 내가 할게' 등의 말을 자주 들었던 사람은 어른이 되어서도 자신이 다른 사람들보다 '못하다'는 느낌을 받는다.

'80점은 자랑할 점수가 아니야. 엄마 아빠는 100점을 기대해', '우리를 부끄럽게 하지 마라', '힘들여 노력해'라는 말을 자주 들었던 사람은 무의식적으로 항상 쫓기는 느낌을 내면화한다. 결국 어른이 되어서도 성취한 것에 만족하지 못하고, 더 많은 것을 원하는 경향을 가지게 된다.

자신이 사랑받고 있으며, 자기 욕구가 진지하게 받아들여진다는 의식 속에서 성장했다면 어떨까. 바라는 것이 이루어질 수 없더라도 납득하고 받아들일 이유를 들었던 사람, 일방적으로 결정을 당하는 일이 없었던 사람은 별로 질투심을 느끼지 않는다. 그는 자신이 다른 사람보다 못하다고 생각하지 않는다. 자기가 인정받는 것을 자신의 능력과 강함에 결부시키지 않는다.

02
질투를 부르는 비교

    비교 없는 질투는 없다. 질투에서 해방되고 싶다면 남들과 비교하기만 멈추면 된다. 비교는 그만두고 싶다고 원리적으로 원하기만 해서는 아무 소용이 없다. 마치 우리가 스트레스받는 행동을 하지 않고 싶다고 바라는 것과 같다.

    질투심과 스트레스는 우리의 의지와 상관없이 일어나는 반응이다. 스스로 조절할 수 없는 다른 반응들처럼 말이다. 그것들은 우리의 안전과 방향 설정, 생존을 유리하게 하기 위해 나온다. 우리는 자신의 능력과 가능성을 다른 사람들과의 비교를 통해서만 인식한다. 그 외에는 기준을 세울 방법이 없기 때문이다. 비교 그 자체는 전혀 나쁜 것이 아니다.

비교할 때 일어나는 일들

　우리가 누구이든, 무엇을 할 수 있거나 갖고 있는 것과 관계없이 다양한 관점에서 자기보다 뛰어난 사람들을 만나게 된다. 비교하는 습성을 끊으려면 산 속에 들어가 혼자 살아야 가능하다. 물론 우리는 거기서도 산 속에 들어오지 않은 사람들과 자신을 비교할 것이다.

　현실적으로 우리는 비교를 멈추지 않는다. 그러니 근본적으로 비교하기를 '금지'하는 것도 소용없는 일이다. 그보다는 비교를 하면 어떤 일이 벌어지는지 정확히 살펴보고, 종전과는 다른 비교 사용법을 고민하는 것이 보다 바람직하다.

　2장의 테스트 결과를 다시 한 번 검토해 보자. 비교를 바탕으로 질문에 대답했음을 알게 될 것이다. 당신은 비교한 후에 가치에 대한 평가를 내렸고, 이 평가가 구체적 반응 방식을 결정했다.

- A = 원인 사건
- B = 가치 평가
- C = 결과 감정과 행동

　사건 자체, 예를 들면 직장 동료가 집중적으로 관심을 받는 파티가 질투심을 일으키는 것은 아니다. 중요한 것은 상황을 어떻게 평가하는가이다. 다른 사람과 비교를 통해 어떤 결론에 다다르는지, 비교에서 자신이 졌다고 느껴지면 마음속에서 자신에 대한 의구심이 드는지, 의구심이 얼마나 강한지가 문제이다. 나는 1번 질문에서 2장의 1번 질문 참조 네 가지 반응 유형을 제시한 바 있다.

A. '나는 상대가 다른 사람의 관심에 있어 초점이 되는 것을 받아들인다.'
: 이렇게 반응한 사람은 누군가 다른 사람의 주목을 받거나 높이 평가되어도 자신의 가치가 덜하다고 느끼지 않는다.

B. '홀대받은 것처럼 느껴진다. 집에 가고 싶다.'
: 이렇게 반응한 사람은 다른 사람보다 자신이 덜 가치 있다고 느낀다. 질투심 때문에 잃어버린 평정심을 다시 회복할 수 있다고 생각하지 않는다.

C. '이것은 불공평하다! 저 자아도취 하는 꼴 좀 봐!'
: 이런 반응을 보이는 사람도 자신의 가치를 의심한다는 점에서는 B와 같다. 다만 자신의 자존감을 방어하기 위해 재빨리 다른 사람의 가치를 깎아내리는 쪽으로 방향을 잡는다.

D. '어떻게 하면 다른 사람의 관심을 끌지 고민한다.'
: 이런 유형의 반응을 보인 사람은 다른 사람들에 버금가기 위해 자신을 성장시키는 방법에서 답을 찾는다.

감정과 행동에서 드러나는 결과들은 위의 반응 유형에 따라 달라진다.

'A'라고 대답한 사람은 편안한 분위기 속에서 파티에 온 다른 손님들과 이야기를 나눈다.

'B'라고 대답한 사람은 심리적으로 위축되어 실제로 파티장을 떠날지도 모른다. 아니면 한동안 남아서 자신의 참담한 기분을 들키지 않으려고 애쓴다.

'C'라고 대답한 사람은 관심의 초점이 되는 사람을 깎아내릴 것이다. 그들의 약점을 가리키며 빈정거리는 말을 한다.

'D'라고 대답한 사람은 동료들의 관심을 자신에게로 돌리기 위해 다음을 기약하는 사람들이다.

이상적 자아와 현실 자아의 핑퐁 게임

다른 사람들과 경쟁하려는 충동 외에도 우리는 자신에게 거는 기대를 가지고 있다. 어떤 사람이어야 하며, 무엇을 해야 하고, 무엇을 허용해도 되는지에 대해 자신만의 생각을 가지고 있다. 물론 그런 생각은 어릴 적 자신이 경험했던 세계에 뿌리를 둔다.

우리는 자신이 어떤 사람이어야 하는지, 어떻게 행동해야 하는지에 대한 상이상적 자아 을 가지고 있다. 그와 동시에 자신이 현실적으로 어떤 모습을 하고 있는지에 대한 상현실의 자아 역시 가지고 있다. 양쪽이 일치하거나 매우 근접하다면 자기 자신에게 만족한다. 반대로 이상적 자아와 현실적 자아 사이에 커다란 간극이 있다면 실망감을 느끼며 자신에게 화를 낸다. 그런 상태에서 자신이 하고 싶은 행동을 현실에서 이미 취하고 있는 사람을 보면 바로 질투심이 올라오는 것이다.

생각할 거리

이상적 자아와 현실적 자아 사이에 간극이 있으면 일상생활이 종종 힘들어지기도 한다. 특히 이상적 자아의 기준치가 높으면 더욱 그렇다. 당신이 자주 처하는 대표적인 상황들을 떠올려 보고 다음 질문에 답해 보자.

- 일상생활에서 얼마나 자주 자신과 자신의 행동에 만족하는가?

- '대부분', '가끔', '거의 하지 않는다', '아예 하지 않는다' 중 어느 쪽인가?
- 이것을 어떻게 가늠하는가? 비교를 위해 사용하는 기준은 무엇인가?
- 자기 자신과 자신이 하는 행동에 거의 만족하지 않고 있다면 그 이유는 무엇인가?

자신에게 거는 기대의 대부분은 자존감과 깊은 연관이 있다. 유년기, 청소년기, 청년기에 뿌리를 두고 있으며, 지금까지 살아온 삶의 결과물이다. 많은 사람들이 자신에게 너무 높은 기대를 건다. 의무적 기준이나 다른 이들이 자신에게 바라는 듯한 것들을 내면화시키고, 자기 자신의 기준이나 요구라고 믿어 버린다. 그 요구를 충족시킬 때만 자신이 정상이라고 느끼며, 자신에게 만족한다고 생각한다. 자신에게 어떤 기대를 걸고 있으며 기대치가 얼마나 높은지에 따라 자기 회의와 비난에 빠지는 정도가 결정된다.

물론 세심함과 집중력, 친절함과 좋은 태도, 사회적으로 최대한 많은 성공을 거두기 위해 노력하는 자세가 잘못되었다는 말은 아니다. 문제는 비현실적으로 높은 기대를 세우는 데 있다. 자신의 가치를 평가하는 기준을 높게 잡고 기대치를 100퍼센트 충족시키려는 자세이다. 그러면 이상적 자아와 현실적 자아 사이의 간극은 벌어질 수밖에 없고, 모든 상황에 불만을 가지기 쉽다. 다른 사람이 자기가 성취하지 못한 것을 이루면 곧장 질투심을 느낀다. 만성적인 불만족은 고통스러운 질투의 감정을 강화시켜 적대감과 부정적인 감정에 더 큰 영향을 끼칠 확률이 높아진다.

03
우리 몸은 질투에 어떻게 반응할까?

자신과 다른 사람들에게 취하는 태도는 당신의 생각과 감정뿐 아니라 신체에도 영향을 미친다. 우리의 사고, 감정, 면역 시스템은 긴밀한 연관이 있다. 한 신경 조직에서 다른 조직으로 전달되는 자극은 당신이 그 순간 느끼는 것을 함께 전달한다. 기분이 좋은지, 화가 났는지, 두려움을 느끼는지, 슬픔을 느끼는지, 기쁨을 느끼는지가 함께 전달된다.

질투와 뇌

오늘날 영상 기술의 발달로 사고와 감정에서 뇌의 활동을 직접 관찰하는 일이 가능해졌다. 어떤 것을 느끼고, 생각하고, 행동하는 동안 뇌의 어느 영역이 활성화되는지 보게 되었다. 신경 조직들 사이에 어떤 연결이 활성화되는지 확인하게 된 것이다.

기쁨, 슬픔, 분노, 두려움, 질투, 화, 부끄러움, 호기심 등의 감정은 우리 뇌의 특정 부위에서 형성되고 처리된다. 이를 관할하는 '중앙 구역'은 대뇌변연계이며 전두피질이다. 감정은 진화의 과정에서 형성된 다양한 형태의 반응 유형이다. 외부의 자극을 잘 평가하고 즉각적으로 반응하는 데 도움을 준다. 과정은 순간적으로 일어나며, 상응하는 신체 신호로 지체 없이 전환된다. '자신과 타인에 대해 어떻게 생각하는가', '방금 지각한 것을 어떻게 평가하는가'가 심리뿐아니라 신체적 상태에도 영향을 끼치는 것이다.

질투심은 직접적으로 나타나지 않는다. 스치듯 일어나 의식에서 감지되지 못하는 경우도 자주 있다. 질투심의 유발 인자는 전혀 뜻밖의 것일 수 있다. 해변의 건강 휴양지에 대한 프로그램, 새 직업에 대해 이야기하는 친구와의 전화 통화 등이 유발 인자가 될 수 있다. 어린이 방으로 꾸며진 쇼윈도, 투자 전략에 관한 라디오 프로그램, 상사가 완벽하게 소화한 정장 등 유발 인자는 다양하다. 이런 경우 보통 우리는 직접적으로 질투심을 느끼지 못한다. 다만 왜 갑자기 기분이 다운되는지 의아해할 뿐이다. 갑자기 모든 것에 예민하게 반응하거나 힘들게 느껴지기도 한다.

질투는 스트레스다

질투하게 되면 신체는 일단 스트레스를 받는다. 혈압의 상승, 빨라지는 호흡, 스트레스 호르몬인 아드레날린 Adrenaline 과 코르티솔 Cortisol 의 분출이 한 예이다. 우리 몸은 질투심을 느끼는 상황을 신체가 위협받은 상황과 동일시해서 싸우거나 도망가야 한다고 인식한다. 대부분의 사람들은 왜 그런 반응을 보이는지, 땀을 흘리고 어지럽다가 뒤에는 우울한 감정을 갖는지에 대해 알지 못한다.

질투심과 관련해 가장 자주 의식되는 신체 반응은 찌르는 듯한 고통, 심장이나 위장 근처에서 느껴지는 압박감이다. 이런 증상이 생기면 무엇 때문인지 원인을 찾는 것이 문제 해결에 도움이 된다. 신체적 긴장, 불쾌감, 만성적인 울화, 패배감 등이 질투와 관련해 자주 나타나는 감정임은 이미 통계적으로 입증되었다.

뉴욕 의과 대학 재활의학과 교수인 존 사노 John Sarno 박사는 억압되어 지각되지 않던 감정들과 근육, 힘줄, 인대에 혈액 공급이 감소되는 현상 사이에는 뚜렷한 연관이 있음을 밝혀냈다. 조직들이 충분한 산소를 공급받지 못해 무기력, 무감각, 간질간질한 느낌, 뒷목이나 허리 등 해당 신체 부위의 통증으로 나타난다고 한다. 충분하지 못한 혈액 공급으로 여러 장기와 조직 체계의 활동이 좋지 않은 영향을 받기도 한다. 그런 점에서 질투의 감정을 억압하거나 무시할 것이 아니라, 어떤 요구가 뒤에 숨어 있는지 발견하는 것이 중요하다.

생각할 거리

특별히 스트레스를 받는 것은 아니지만, 휴가 때처럼 편안하지도 않은 평범한 한 주를 떠올려 보자. 그런 뒤 다음의 질문에 답해 보자.

- 위에 열거된 증상들 중 나는 어떤 증상을 자주 겪는가?
- 증상이 인식되는 상황은 어떤 상황인가?
- 증상이 나타나기 전에 어떤 일이 있었는가?
- 증상이 질투와 관련이 있다고 생각하는가? 아니면 다른 이유 때문이라고 생각하는가?
- 미래에 그런 증상이 다시 나타나면 어떤 식으로 반응할 수 있을까?

위 질문은 자신을 과도하게 관찰하기 위한, 작은 일을 부풀려 호들갑 떨기 위한 질문이 아니다. 질문의 목표는 기분의 변화와 혼란스러운 불쾌함을 주의 깊게 관찰하여 자기의 감정과 자신을 더 잘 알기 위함이다. 원인과 결과의 연관성을 찾아내 문제를 해소하는 것이다. 문제를 알면 해결책을 찾지 않겠는가. 연관성에 대해 알지 못하면 크고 작은 문제들이 사고와 행동에 영향을 미쳐도 방치할 수밖에 없다.

계속해서 질투의 감정이 인정되지 못하거나 우울증, 적대감의 형태를 띠고 나타나면 건강상에 심각한 문제를 야기한다. 질투가 갖고 있는 뾰족한 가시들은 전형적인 스트레스 반응을 일으키는 주범이다. 이런 반응이 고착화되면 면역 체계의 기능을 제한한다. 나의 책 《사자와 춤을 Tanz mit dem Säbel-zahntiger》에는 다음과 같은 내용이 실려 있다.

"일반적으로 만성적 스트레스는 섬세하게 조율되어 있던 면역 체계를 교란시킬 수 있다. 높은 코르티솔 수치와 균형을 잃게 된 신경 시스템은 잘 돌아가던 면역 세포의 공조에 변화를 가져온다. 따라서 만성적으로 스트레스를 받는 사람들은 콧물감기만 걸리기 쉬운 것이 아니라 심각한 감염 질병에도 취약할 수밖에 없다."

고혈압, 위장 장애, 심장 박동 장애가 나타나기도 한다. 질투로 인해 심리적 안정을 취하지 못하면 수면 장애도 야기된다. 잠자리에 누워 상대에게 어떻게 설욕할까 고민하는 사람은 편안한 수면을 도둑맞는다.

신체 내장 기관의 언어

고대의 사체액설四體液說에서 질투는 담에 자리 잡고 있다고 보았다. 아마도 질투로 '노랗게', '파랗게' 된다는 관용구는 여기서 비롯되었을 것이다. 오늘날 정신 의학은 심리적 사건과 내장 기관의 반응 사이에 뚜렷한 연관 관계가 있다고 본다. 갈등, 화, 질투를 오랫동안 가졌던 사람들 중 다수가 간 기능 장애나 담석증을 얻게 된다고 한다.

독일의 시장 조사 기관인 GFK Gesellschaft Fur Konsumforschung 가 실시한 설문 조사 결과에 따르면, 많은 사람들이 질투로 질병을 얻은 적이 있다고 나타났다. 독일 사람들 중에는 약 5퍼센트가 다른 사람의 행운을 질투하는 마음 때문에 신체적 문제가 생겼다고 조사되었다. 주로 위통이나 빠른 심장 박동과 같은 문제였다. 4퍼센트는 수면 장애를 보였으며, 많은 이들이 자주 무기력하거나 마비된 듯한 기분을 느꼈다.

특히 질투가 우울증이나 적대적 형태로 나타나는 경우는 심리적인 문제뿐 아니라 육체적으로도 악영향을 끼친다. 우리가 원인을 제대로 규명하지 않은 채 질투심에 끌려다니기만 한다면 증세는 개선될 여지가 없다.

04
질투에서 벗어나기 위해
흔히 쓰는 전략

우리는 앞에서 질투심에 뒤따르는 감정 중에는 타인의 불행을 보고 기뻐하는 마음, 복수심, 냉소, 욕심이 있다고 살펴보았다. 질투를 느끼는 사람은 그런 감정을 통해 심리적 압박을 덜고, 질투심이 주는 고통을 제어하려 한다. 그 외에도 고통스러운 질투심에서 놓여나기 위해 사람들이 자주 사용하는 전략들이 있다.

"내가 너의 좋았던 기분을 망쳐 주지"

가졌으면 하고 바라는 바를 가치 절하하거나 폄하하는 것은 질투심을 상대하는 요새와 같은 역할을 한다. 그렇지만 결국은 막다른 길에 다다르게 할 뿐이다. 그런 방법으로는 단기적인 고통 완화의 효과만 본다. 남이 보든 보지 않든 질투의 대상과 그가 누리는 행복의 가치를 깎아내린다고 치자. 그 순간에는 기분이 조금 나아질지 모르지만, 장기적으로는 도움이 되지 못한다.

믹키는 새 정장을 사기 위해 많은 돈을 지출했다. 새 옷을 사서 너무나 들뜬 나머지 옷이 자신에게 둘도 없이 잘 어울린다는 기분까지 들었다. 처음으로 새 옷을 입고 출근했는데, 동료들의 반응은 뜻밖이었다. 그녀의 생각과는 완전 딴판이었다. 한 동료가 물었다.

"이런 소재는 너무 민감한 소재 아니야?"

다른 동료들도 옆에서 거들었다.

"색깔이 너무 튄다. 다른 옷하고는 못 맞춰 입겠네."

"이런 옷은 처음 입으면 근사해 보이지만, 주름이 지지 않게 하려면 관리에 손이 많이 갈 거야." 동료들의 냉담한 반응에 믹키의 좋았던 기분은 사라져 버렸다. 마침내 그 옷을 산 행동이 멍청한 짓이었다는 생각까지 하게 되었다.

황색 언론 잡지들은 심술궂은 마음과 남의 불행을 보고 기뻐하는 경향을 만족시켜 준다. 황색 잡지들은 아름다우면서 부자인 사람들에게 문제아 자녀가 있고, 인생의 동반자가 결별을 선언했으며, 체중이 10킬로그램이나 증가했다고 보도한다. 아침에

꾸미지 않은 부스스한 차림으로 우편함에 놓인 신문을 가지러 가는 모습도 보여 준다. 그런 보도로 독자들의 보상 심리를 만족시켜 준다.

다른 사람의 외모나 행동에 대해 비아냥거리거나, 험담하며 우습게 만들거나, 옳지 않은 방법으로 성공했다고 생각하는 것들이 무슨 쓸모가 있을까? 상처 입은 자존감에 위안이 될지는 모르지만, 분명 일시적이다.

"너를 통해 내 열등감을 만회하겠어"

질투심에 사로잡힌 사람들과 함께 잘나가는 사람을 흉봐도 일시적으로만 기분이 나아질 뿐이다. 사실 함께 흉을 보는 행동은 위험하다. 번뜩이는 말로 재미있게 이야기를 나누다 보면 악의적 감정으로 치닫기 쉽다. 거기서부터 집단 따돌림으로 가는 길은 멀지 않다. 모두 조금도 지지 않겠다는 자세로 성공한 사람들을 악의적으로 놀린다. 그러면서 다른 사람들의 동조를 얻어 내려 한다.

'따돌림'을 뜻하는 말인 '모빙 Mobbing'에서 'mob'은 '폭동을 작당한 하층민 집단' 정도의 뜻을 가지고 있다. 험담 집단은 특정 방향으로 움직이지 않는다. 그래서 쉽게 질투의 대상자를 악의와 따돌림의 희생자로 만든다. 가령 회사 전체의 분위기를 부정적으로 만들 위험도 가지고 있다.

"저는 아니에요, 저 사람이 그랬어요"

질투심은 투사를 통해 자주 방어된다. 주로 질투심을 숨기고 감정적 동요 따위에는 초월했다는 식으로 행동하는 사람에게 나타난다. 투사란 자신의 감정, 느낌, 욕망을 다른 사람에게 전이시켜 상대의 마음속을 '들여다보는 것'을 뜻한다. 그러면 질투심을 느끼는 사람은 자신이 아니라 상대가 된다.

사라는 동료 안야가 상사에게 잘하는 이유는 모두가 탐내는 보조 자리를 얻기 위함이라고 생각했다. 사라는 오전의 휴식 시간에 동료들에게 말했다.

"걔는 좀 그렇게 기어야 할 거야. 불쌍한 안야, 걔는 학벌이 떨어져서 우리를 부러워하잖아. 걔가 우리 위에 올라서려는 시도도 당연해. 안됐다."

사라는 안야를 조금도 안됐다고 생각하지 않았다. 그저 안야가 상사와 맺고 있는 좋은 관계를 질투할 뿐이었다. 다만 화가 나서 질투를 인정하려 하지 않았다.

질투의 감정을 다른 사람에게 투사하는 방법은 자신이 그 감정에서 벗어난 것처럼 느끼게 해준다. 하지만 투사 방법은 다른 사람이 질투할지도 모른다는 두려움을 초래하기도 한다. 사라는 안야가 야근까지 하면서 열심히 일해 승진하면 상사의 오른팔이 되어 자기를 몰아낼지도 모른다고 생각한다. 안야가 새로 얻게 된 힘을 자신보다 많은 교육을 받은 직원들에게 휘두를 것이라 가정한다. 사라는 이런 가정들이 자신의 투사에서 비롯되었음을 알지 못한다. 순전히 자기 머릿속에서만 일어나고 있는 일임을 깨닫지 못한다.

"더 이상 쳐다보지 않겠어"

질투를 하는 사람들은 자신이 열등하고 다른 사람만큼 잘날 수 없다는 느낌과 충돌하지 않기 위해 소극적으로 행동한다. 질투는 우정에도 위험하게 작용한다.

살과의 전쟁을 벌이고 있는 헬렌은 식단을 바꾸고 일주일에 두 번 헬스장에 가기로 한 계획에 실패했다. 반면 친구 실비아는 굳은 의지와 인내심으로 다이어트를 해 66사이즈에서 44사이즈로 줄어드는 데 성공했다. 결국 헬렌은 실비아를 계속해서 봐주지 못한다. 질투는 거리감을 만들어 낸다. 처음에는 속으로만, 다음에는 외적으로도 만들어 낸다. 질투 때문에 지금까지 해 오던 연락을 끊는 경우도 많다. 자신의 취약점이 계속해서 눈에 보이면 견디기 어렵기 때문이다. 회피의 태도는 질투심 극복에 도움이 되지 못한다. 오히려 자신은 다르며 '열등하다'는 감정만 강화시킬 뿐이다.

생각할 거리

우리에게는 사고와 행동에서 특정한 유형을 형성하는 경향이 있다. 어떤 방법이 과거에 어느 정도 효력이 있었다면 그 방법을 '가장 즐겨 하는 방법'으로 취한다. 이제 다음의 질문을 자신에게 던져 보자.

- 다음은 질투의 막다른 길이다. '심술', '따돌림', '투사', '차단' 당신은 질투의 감정과 직접적으로 맞닥뜨리지 않기 위해 어떤 방법을 자주 사용했는가?
- 그 방법은 어떻게 작용됐는가? 장기적으로 봐서 그 방법은 당신에게 도움이 되었는가? 구체적으로 어떻게 도움이 되었는가?
- 방법이 혹시 반대의 결과를 자주 가져오지는 않았는가?
- 주어진 상황에 잘 대처하기 위해 당신은 어떤 방법을 또 사용할 수 있을까?

05
질투,
행동을 부르는 추동력

 우리는 언제든지 질투심을 느끼는 존재이다. 질투를 하는 사람으로든, 받는 사람으로든 질투와 관련된 다양한 경험들을 할 수밖에 없는 존재들이다. 따라서 건강에 해로운 식습관이나 지각하는 습관을 끊듯 과감히 질투의 감정을 끊을 수는 없다.

질투가 당신에게 보내는 메시지

 질투는 일차적으로 신호를 보낸다. 다른 사람이 의식하든 안 하든 말이다. 상대가 우리가 원하는 것을 갖고 있거나, 선망하는 일을 하고 있다면 신호를 보낸다.

　이성의 이름으로 소망, 필요, 욕구를 억압하면 할수록, 주변 사람들에게 본래 자신과는 다른 방식으로 질투의 감정을 자주 갖게 된다. 우리는 문화적 특성상 질투를 느낀다고 고백할 수 없다. 질투는 부끄러운 것이며 '있어서는 안 되기' 때문이다. 결국 질투는 숨겨진 채 자란다.

　질투는 우리가 의식하지 않는다고 없어지는 것이 아니다. 오히려 반대이다. 질투는 우리의 사고와 행동에 필요 이상으로 많은 공간을 차지한다. 그러면서 만족스러운 마음과 우리가 내리는 결정에 영향을 미친다. 자기보다 나아 보이는 상대를 과하게 질투하다 보면 인생을 완전히 망칠 수도 있다. 그렇게 되면 자주 기분이 상할 것이다. 자신뿐 아니라 다른 사람에게도 피해를 입힐 수 있기 때문이다.

　우리가 자주 질투심을 일으키지 않으며, 만약 질투를 하더라도 스스로 인정할 수 있다면 조화롭고 즐거운 삶을 살 것이다. 적어도 자신이 불리한 상황 속에 있다고 생각할 때보다는 훨씬 더 나은 삶을 살 것이다. 우리가 실제로 얼마나 성공했고 매력적인지, 부유하고 중요한지와 하등 상관이 없다. 다만 문제가 되는 것은 다음의 두 가지이다.

- 질투의 감정에 긍정적으로 대응하기

- 질투심을 덜 느낄 방법을 찾아내기

    질투심은 우리가 처한 상황에서 무엇인가를 개선하도록 자극한다. 우리가 질투를 자기 인식을 위한 기회로 생각한다면 어떻게 될까. 사실 질투는 많은 장점을 가져다주는 감정이다. 질투심을 느끼는 원인이 비싼 자동차나 월급 인상, 매력적인 외모가 아님을 분명하게 깨달을 때 드러나는 것이 있다.

    바로 질투의 감정 뒤에 가려져 있던 우리의 진짜 소망과 욕구이다. 그런 깨달음은 첫눈에 발견되기도 하지만, 보통 두 번은 찬찬히 살펴봐야 가능하다. 따라서 질투는 우리가 무엇에 만족하는지, 만족하지 못하는지를 떠올리게 한다. 어떤 변화의 가능성이 우리 앞에 열려 있는지 생각해 보게 하는 자극제가 된다.

    질투심을 유발하는 원인은 삶의 과정 속에서 계속 바뀐다. 스무 살에 부러워했던 것이 나중에는 완전히 관심 밖으로 멀어지기도 한다. 특별히 성찰하지 않았다고 하더라도 말이다. 다만 자신이 근본적으로 무엇에 질투를 느끼는지 의식하고, 자신에게 정말 중요한 것을 실현하기 위한 가능성을 모색하는 사람은 변화의 과정을 대폭 단축한다.

(생각할 거리 🌿)

유년 시절부터 청소년기, 청년기를 지나 최근까지의 삶에 있어 여러 시기들을 회상해 보고 다음의 질문에 답해 보자.

- 삶의 초년기에 목표로 삼을 만한 가치가 있다고 생각한 것은 무엇인가?
- 자신이 갖고 싶었던 것을 가졌기에 질투했던 사람은 누구인가?
- 얼마나 오랫동안 그 질투의 감정을 의식하며 살았는가?
- 현재는 어떠한가? 당시 질투의 감정이 지금도 영향을 미치는가?
- 그 질투의 감정이 언젠가 부지불식간에 사라졌다면, 그때는 언제이며 어떤 기회를 통해서인가?
- 그 질투의 감정이 다시 나타났다면 어떤 기회를 통해서인가?
- 지난 수년 동안 질투의 감정을 느낀 새로운 대상이 있다면 무엇인가? 당신은 원인을 어디에서 찾는가?

삶의 경험이 많아지면 가치 기준과 신념이 변한다. 때로는 서서히, 때로는 매우 갑자기 변한다. 그렇게 해서 지금까지 질투심을 일으켰던 원인이 순식간에 약화되거나 의미를 상실하고 완전히 사라진다. 대신 새로운 질투의 대상이 욕망의 선상에 나타났을지도 모르겠다. 자신의 장단점을 경험함으로써 장점을 강화하고, 약점을 있는 그대로 받아들이는 바람직한 경우가 나올 수도 있지만, 그렇지 않은 경우도 있다. 자신의 장단점에 대해 잘못 대응하면 단점을 약점으로 인식하고, 자기보다 잘난 사람들을 향해 계속해서 질투심을 불태우게 된다. 옛날의 감정이 새로운 기회를 만나 다시 불붙게 되는 것이다.

자신의 질투심을 자세히 들여다보고 유리한 쪽으로 만드는 것은 인생의 어느 시점에서든 꼭 필요한 일이다. 자신의 인생에 새롭게 작용한 영향력으로 인해 질투심의 종류와 강도가 영향을 받을 수도 있다. 그렇게 되면 질투에 대응하는 방식에서도 변화가 일어난다. 질투하려는 경향이 저절로 잦아들기를 마냥 기다릴 수만은 없다.

질투는 삶의 만족도가 높을수록 덜 일어난다. 그것을 위해 우리는 무엇인가 할 만한 여지가 있다. 우리가 가진 믿음 체계의 진위를 의문에 붙여서 변화시킬 수 있다. 우리는 각자의 자아상을 바꿀 수 있다. 자신의 강점에 대해 생각하고, 소망이나 욕구와 조화를 이룰 목표를 설정할 수 있다. 그러면 질투의 감정에 이끌려 잘 생각해 보지도 않은 채 가졌던 목표는 더 이상 쳐다보지도 않을 것이다. 5장과 6장에서는 우리를 진정으로 움직이게 만들며 구체적으로 변화시키는 동력은 무엇인지에 대해 알아볼 것이다.

다른 사람이 행복하면 우리가 지닌 불행이 더 커 보이고,
다른 사람이 불행하면 우리의 행복감은 더 고조된다.
 - 데이빗 흄

Chapter 5

질투는 어떻게 긍정적인 힘이 되는가?

01
질투심 인정하기

　우리가 질투심을 느끼도록 만들 수 있는 사람은 세상에 없다. 모든 외적 요인에도 불구하고 우리가 질투심을 느끼는 원인은 일차적으로 자신에게 있다. 질투심을 느끼는 것은 정상적이고 자연스럽다. 질투심을 느낀다는 이유로 자신을 부끄럽게 여기거나 죄책감을 가질 이유 또한 없다. 질투심에 끌려다니거나 충동적으로 행동하고 나중에 후회할 결정을 내릴 필요도 없다.

　행복에 대해 잘못 이해하고 지나치게 긍정적 사고를 강조하면 어떻게 될까. 자신이 무엇을 생각하고 느껴야 하는지, 무엇은 안 되는지를 명령하는 경향이 생긴다. 그런 사람들에게 허락되는 것은 기쁨, 신용, 낙관주의, 믿음, 편안함, 호기심, 사랑, 애정

등이다. 거부되는 것은 두려움, 슬픔, 비관주의, 외로움, 특히 질투, 시기, 분노, 증오와 같은 감정들이다. 이런 경향은 부작용을 낳는다.

예를 들면 이런 것이다. 질투심과 같은 부정적인 감정에서 눈을 가리고 고상함이라는 탈을 쓰면 머지않아 자기기만, 위선, 악의적 조롱에 이르게 된다. 더불어 질투의 감정을 타인에게 전가한다. 질투의 감정은 없는 척한다고 없어지지 않는다. 없는 척하면 오히려 더욱 강화되어 신체를 통해 나타난다. 다른 사람들과의 관계를 부지불식간에 무너뜨릴 위험이 생긴다.

우리에게는 모든 감정이 다 중요하다

모든 감정은 긍정적이든 부정적이든 우리 존재와 발전에 중요하다. 긍정적으로만 생각하고 느끼려 하며 그 외의 감정을 인정하지 않는 사람은 다양하게 경험할 능력을 포기하는 것이다. 감정은 변화할 때만 지각된다. 변화야말로 삶을 흥미롭고 긴장감 있게 만든다.

질투심을 느끼는 대상은 무엇이고, 그것에 어떻게 대응하는지를 살피면 자신에 대해 많은 것을 알 수 있다. 우리가 부러워하는 대상보다 많이 알려 준다. 질투심을 잘 이용하면 많은 소득을 얻는다. 질투심을 억누르지 않고 그 뒤에 놓인 발전 가능성을 분명하게 인식한다면 자신의 계속적 발전을 위해 도움이 된다. 좋은 기회를 알아보지 못하면 질투를 긍정적 방향으로 전환시키는 첫 단추를 끼우지 못한다. 다음은 질투가 우리에게 주는 이로움이다.

- 자신과 삶의 경험에서 보다 많은 것을 해내도록 추동한다.
- 우리의 '이상적 자아'와 욕망하는 것에 대한 이미지를 변화시켜서 현실 조건에 맞도록 고치게 돕는다.

질투심은 자의적 횡포, 부당함, 차별을 분명하게 인식하도록 한다. 이런 것들은 나아가 우리를 지키는 기폭제가 되기도 한다. 물론 변화를 시도하기란 쉽지 않다. 그럼에도 질투심을 억누른 채로 있거나 불타는 질투심을 제어하기 위해 마지막 수단을 쓰기보다는 변화를 시도하는 편이 훨씬 낫다.

질투 감지하기

질투를 긍정적인 방향으로 바꾸기 위해서는 어떻게 해야 할까? 가장 중요하며 먼저 해야 할 것은 우리 안에 일어나는 질투의 감정을 인식하고 솔직히 인정하기이다. 우리가 해야 할 일은 질투로부터 자신을 보호하거나 물리치는 것이 아니다. 문제 해결의 자세로 질투를 대하는 능력을 기르는 데 있다.

생각할 거리

128쪽의 질문에 답한 내용을 다시 한 번 살펴보자. 질문을 통해 당신의 신체가 어떻게 질투의 감정을 표현하는지 몇 가지 예를 생각해 본다. 현재의 몸 상태와 과거에 느꼈던 질투의 감정 사이에 어떤 관계가 있는지도 생각해 볼 기회이다. 이제 질투의 감정으로 더 깊이 들어가 보도록 하자.

- 나는 질투를 어떻게 감지하는가? 어떤 신체적 증상을 통해 질투하고 있음을 인지하는가?
- 나는 신체 어느 부위에서 질투를 감지하는가? 그 순간 몸은 어떤 느낌을 받는가?
- 어디서 변화를 느끼는가? 머리, 목, 가슴, 배 등 정확히 어느 쪽인가? 그곳에서 어떤 일이 일어나는가?
- 팔다리에서 열기나 냉기가 느껴지는가?
- 질투가 서서히 느껴지는 순간부터 호흡은 어떻게 달라지는가?

여기서는 일어나는 일을 그대로 인지하는 것이 중요하다. '질투는 나쁜 것', '해서는 안 되는 것', '질투하지 않기 위해 빨리 무언가를 해야 해'라는 생각을 버려야 한다. 그동안 질투를 느낄 때 했던 생각들을 내려놓아야 한다. 무엇이든 평가하는 습관을 멈춰야 한다. 그냥 그 상태에서 일어나는 일을 지켜보라. 객관적인 자세로 탐구하듯, 관심을 가지고 말이다. 가능한 당신이 무엇을 느끼는지 인지하는 데 집중하라. 당신이 어떤 것을 인식했을 때 이유가 무엇인지 묻지 마라. '왜'라는 질문 때문에 고민하지 마라. 무엇인가를 바꾸거나 고수하려고도 하지 마라. 그저 현재 일어나는 일만을 가만히 지켜보라. 그러면서 머릿속에 드는 생각을 메모해 보라.

지금까지 질투를 완전히 도외시하거나 인식하자마자 억누르는 것이 습관이 된 사람에게는 어려운 일이다. 질투를 그 자체로 인식하기부터 어려울 것이다. 느끼는 바를 그냥 받아들이는 것이 중요하다. 영화 속 형사나 첩보원처럼 단서를 수집하고 평가해서 짜 맞추는 자신을 조용히 관찰하는 것이다.

감정을 인식하여 맞는 이름을 부르고 표현하는 능력은 생각, 가치 평가, 행동 유형에서 변화를 일으키기 위한 기본이다. 억눌린 감정은 우리의 사고와 행동에 매우 좋지 않은 영향을 미친다. 우리가 어떻게 경험하고 긍정적으로 생각할지를 적극적으로 사고하면, 나쁜 경험의 악영향을 경감시키고 새로운 사고와 행동 가능성을 위한 전제 조건을 마련할 수 있다.

질투심 인지하기

평소 완다는 질투심이 거의 없는 편이라고 여겼다. 그녀는 '난 모든 사람에게 베풀 수 있어'라는 말을 곧잘 했다. 그녀는 관찰 연습을 통해 자신을 살펴보는 과정에서 두 가지 사실을 알게 되었다. 종종 이유 없이 갑작스레 기분이 나빠지며, 차별받는 기분이 드는 상황에 쉽게 예민해진다는 것이었다. 그녀는 두 가지 사실에 어떤 연관 관계가 있음을 발견했다. 그녀는 더 좋은 조건을 가진 사람들만이 아니라, 그들이 혜택을 받도록 도와준 모든 '협력자'들에게 억눌린 분노를 갖고 있었다. 그녀는 속으로 '삼킨' 공격성을 주로 목 부위에서 느꼈다.

"말을 하려고 해도 아무 말도 나오지 않을 것 같았어요. 목이 졸리는 느낌이었거든요."

그녀는 심리적으로 말할 수 있는 상황이었다고 해도 자신의 질투심에 대해서는 아무 말도 하지 못했을 것이다. 그녀의 '이상적 자아'는 질투하지 않는 것을 하나의 의무로 여기기 때문이다. 완다는 아무것도 아닌 일로 특정 사람들에게 적대감을 가졌다는 사실을 깨달았다. 그러면서 억눌렸던 질투심과 연관 지어 새로운 시각으로 살펴보았다.

"아직 제 안에서 무슨 일이 일어나고 있는지 잘 모르겠어요. 다만 지금까지는 제게 맞지 않는 것이 있어도 원인을 알아보지 않고 그냥 속으로 삼켰다는 점을 알게 됐어요. 사실 시샘한다는 것을 스스로 인정하는 게 쉽지만은 않아요. 그보다 어려운 것은 제가 질투심을 느껴도 '된다'고 인정하기에요."

다음은 미하엘의 고백이다. 미하엘은 도시 개발 프로젝트 팀장이다. 그는 질투하는 동안 느껴지는 신체 증상을 다음과 같이 말했다.

"저는 주로 위 부근에서 찌르는 듯한 통증을 느낍니다. 어지럽고 귀에서 이명이 들려요."

신체 증상과 더불어 구체적인 상황까지 덧붙였다.

"어제 프로젝트 상황을 발표할 때였습니다. 저보다 훨씬 일을 적게 한 동료 한 명은 시장에게 엄청난 칭찬을 받았죠. 반대로 저는 '잘했네, 앞으로 계속 그렇게 하게'라는 특별하지 않은 격려만 들었습니다. 그때 증상이 나왔어요. 이제는 제가 어떤 경우에 우울해지며 예민해지는지 알게 되었습니다. 그런 감정을 가족에게 해소하려는 경향이 있다는 것, 다른 사람과 말을 하지 않고 혼자만의 세계에 있으려 한다는 것도 알게 되었습니다."

주의 깊게 지켜보기, 자신을 인정하기만으로도 어느 정도 효과를 본다. 그것만으로도 질투심은 주춤한다. 마치 인식되고 인정되기를 기다렸다는 듯 말이다. 어린아이는 자기 욕구를 알아주지 않으면 크게 울지만, 부모가 알아채면 금세 그친다. 그런 점에서 질투는 어린아이의 욕구와 비슷하다. 비교가 지나치다 여기겠지만, 생각해 볼 가치는 있다.

질투에 숨겨진 의미

질투는 자기에게 결핍된 것이 무엇인지, 욕구 내지는 욕망은 무엇인지 감지하게 해 준다. 질투를 느끼는 사람은 자신에게 무엇이 부족하다는 것을 느끼는 사람이다. 질투를 느끼는 순간은 우리가 무엇을 행복이라고 생각하는지 아는 계기가 된다. 완다는 말한다.

"제게 부족한 것이 있다는 생각이 들어요. 아직까지는 무엇인지 말할 수 없어요. 더 알아봐야겠지요. 이제 저는 질투를 느껴도 된다는 사실에 익숙해지고 있어요. 질투의 감정을 허용하죠."

미하엘 역시 말한다.

"저는 저의 능력을 인정받고 싶습니다. 정말로요. 그럼에도 제가 정확히 자리매김할 수 없는 다른 무언가가 있습니다."

의식하지 못하는 꿈과 갈망이 무엇인지, 혹은 우리의 소망이 무엇을 향하는지 바로 알지 못할 수도 있다. 현재 우리는 앞면만 보고 있을지도 모른다. '누구는 6자리 숫자의 연봉을 받아. 나도 그런 연봉을 받고 싶어!'라는 단편적인 생각으로는 우리의 심정과 관계된 것이 무엇인지 알기 어렵다. 무엇이 문제인지 분명하게 알 수 없다.

분명 추상적인 숫자는 중요하지 않다. 그렇다고 다른 사람에게 자랑하고 싶지도 않다. 많은 연봉을 받아야 구입하는 물건 때문도 아니며, 그들보다 많이 소유했다는 충족감을 느끼기 위해서도 아니다. 그런 것들은 일시적인 효과이다. 많은 연구가 증명하듯이 우리는 3개월만 지나면 크기에 관계없이 모든 물질적 혜택에 특별한 만족감을 느끼지 못한다. 물질적으로 더 많은 소유가 삶의 행복을 좌우한다고 생각하더라도 말이다. 우리는 나아진 물질적 조건에 이내 익숙해져 그저 보통이라 생각하게 된다. 따라서 행복감도 이전보다 높아진 수위에서 균형점을 찾는다.

우리 머릿속에서 일어나는 일

질투심이 우리에게 정말로 전하려는 메시지를 찾기 위해서는 보다 깊은 곳으로 나아가야 한다. 그전에 먼저 드러나는 현상들을 주시하며 상태를 자세히 살펴보도록 하자.

생각할 거리

141쪽의 생각할 거리에서 대답한 내용을 떠올려 보자. 질문을 통해 예전에 경험한 질투심 충동에 대해 생각해 보았다. 그 충동이 없어졌다면 언제 없어졌는지, 충동이 당신에게 중요했는지, 현재 어떤 영향을 미치는지를 살펴보았다. 과거의 경험과 현재를 비교해 보고 다음의 질문에 답해 보자.

- 다른 사람에게 질투를 느끼는 동안 자신의 몸에 나타나는 전형적인 반응이 있는가?
- 질투의 상대를 생각하면 어떤 기분이 드는가? 무엇을 느끼는가? 그를 직접 봤을 때만큼 강한 반응을 느끼는가, 아니면 그보다는 약한 반응을 느끼는가?
- 무엇 때문에 질투하는가? 당신이 질투하는 사람은 무엇을 가졌는가? 어떤 능력을 가졌는가? 어떤 사람인가? 당신이 가졌으면 하는 것이나 할 수 있었으면 하는 능력은 무엇인가? 당신은 어떤 사람이 되고 싶은가?
- 전에 질투심을 느꼈던 당시와 비슷한 점이 있는가?
- 특별히 질투심이 강하게 느껴지는 상황이 있는가? 그런 상황을 5가지만 뽑아 목록을 만든다면 어떤 상황을 적겠는가?
- 칸을 두개로 나누어 목록을 만든다. 한 칸에는 '내가 질투하는 것은

무엇인가?'라고 적는다. 다른 칸에는 '누구를 질투하는가?'라고 적는다. 그다음 순위를 정해 보자. 질투심이 가장 강하게 분출되는 것을 맨 위에 적고, 약한 것은 맨 아래에 적는다.

- 질투심이 들지 않는 순간은 언제인가? 자신이 갖고 싶은 것을 다른 사람이 가지고 있어도 질투심이 생기지 않을 때는 언제인가? 그때는 왜 질투심이 들지 않는다고 생각하는가?

질투심에 동반되는 전형적인 신체 반응의 원인은 대부분 대상 자체 때문만이 아니다. 질투심이 생기는 상황들을 자세히 들여다보면 알게 된다. 동료의 값비싼 정장, 이웃의 호화로운 여행, 자기보다 못해 보이는 사람의 승진이 질투심을 불러일으키는 것이 아니다. 질투심을 불러일으키는 것은 우리의 생각이다. 좋은 것을 가진 사람은 다른 이들의 눈에 멋지게 비치며 인정과 칭찬을 받아 행복과 만족을 느낄 것이라는 상상이 질투를 부른다. 상상이 질투의 진짜 이유이다. 우리는 자신이 부러워할 모두를 상대가 가졌다고 착각하여 질투심을 느낀다.

여기서도 많은 투사 작용이 일어난다. 우리는 질투의 대상이 황홀한 기분이리라 추측한다. 자신이라면 그렇게 느낄 것이라고 생각하기 때문이다.

> 생각할 거리

156쪽에서 대답한 질투 목록을 떠올려 보고 다음의 질문에 답해 보자.

- 자신이 부러워하는 것을 실제로 갖게 된다면 어떨까? 무엇이 연상되는가?
- 당신은 어떤 느낌이 들까? 어떤 행동을 할까?
- 당신이 갖고 싶은 것을 가진 사람의 기분은 어떠리라 생각하는가?
- 상대의 감정을 추측하는 동안 자신의 질투심은 어떤 변화를 보이는가? 강화되는가, 약화되는가, 아무런 변화도 없는가?

대개 질투심은 상대가 가진 것으로 인해 얼마나 행복한 기분이 들지 상상할수록 더욱 거세진다. 하지만 사실은 전혀 다르다. 값비싼 정장을 산 동료가 정작 자신에게는 잘 어울리지 않는다며 후회하는 중이거나, 너무 많은 돈을 지출했다며 속 쓰려 하는 중일지도 모른다. 이웃 남자의 호화로운 여행이 실은 아내의 고집에서 비롯된 결과일 수도 있다. 여행지에서도 내내 불행한 기분으로 지내며 집에 돌아오는 날만 손꼽아 기다릴 수도 있다. 승진하게 된 동료는 기쁨은커녕 자신은 새로운 지위를 맡을 능력이 없다며 두려워하고 있을지 누가 아는가.

우리는 일어나는 일의 표면만을 볼 뿐이다. 사실이 어떤지는 모른다. 나머지는 모두 우리의 머릿속에서만 일어나는 일이다.

전체 그림 보기

　평가와 추측을 근거로 느끼는 감정에서 질투가 솟구쳐 나온다. 일방적으로 다른 사람의 우수함을 머릿속에서 추켜세우다 보면 그에 상응하는 대가를 치렀다는 사실이 망각된다. 복권 당첨이나 생각하지 않았던 유산 상속의 경우를 제외하고 말이다.

　비싼 정장을 사기 위해 동료는 몇 달 동안 허리띠를 졸라맸다. 자잘한 물건을 구입하거나 공연 관람 등의 소소한 즐거움을 포기했다. 호화로운 여행을 떠난 이웃도 마찬가지다. 여행을 가기 위해, 더 정확히 말하면 부인을 즐겁게 하기 위해 얼마나 많은 야근을 했는지 우리는 알지 못한다. 승진한 동료는 그 자리를 얻기 위해 내가 한 투자보다 더 많은 노력과 수고를 들였다. 밤새 공부하고 자기 계발을 위해 많은 돈을 들였다. 추측이라 생각하겠지만, 전부 가능한 일들이다.

　문제는 '원하는 것을 위해 치러야 하는 대가가 엄청나게 비싸거나 혹독하더라도 여전히 갖고 싶은가'이다. 얼마만큼의 대가를 허용하겠는가. 그들이 지금의 위치에 다다르기 위해 얼마만큼의 노력을 들여야 했으며, 얼마나 많은 것들을 포기해야 했는지를 안다면 어떻게 될까. 질투를 일으키는 한 부분이 아닌 전체를 보아야 한다. 나무가 아닌 숲을 보아야 한다. 그 사람의 삶 속에 들어가 어떤 대가를 치렀는지 상상해 보면 어떨까.

생각할 거리

앞에서 살펴본 3가지의 질투 목록을 놓고 다음 질문에 대답해 보자.

- 그것을 성취하기 위해 나는 어떤 대가를 치러야 할까? 시간과 경비를 들이고, 하고 싶은 것을 포기할 준비가 되어 있는가?
- 현재 자신이 하고 있는 일 중에서 전혀 시간과 에너지를 투자하지 않아도 되는 일은 무엇인가?
- 당신은 대가를 치르기 위한 철저한 준비가 되어 있는가?
- 무언가를 위해 많은 노력을 기울인다면 노력이 인내할 한계점은 어디인가?
- 당신이 부러워하는 사람이 되기 위해 무엇을 감수해야 할까?

모든 일이 늘 잘되는 사람은 없다. 보통 어떤 것을 성취하기 위해서는 대가를 치러야 한다. 이것을 현실적으로 자각하면 지금까지 우리가 질투했던 대상을 사실에 맞게 판단하는 데 도움이 된다. 힘과 영향력이 있는 사람은 적이 있기 마련이다. 저택을 소유하기 위해서는 많은 경비와 관리가 필요하다. 유행에 처지지 않기 위해서는 많은 시간과 돈이 든다. 무용수는 자신의 능력과 명성을 위해 혹독한 훈련의 시간을 견딘다. 이웃 여자가 우리보다 수입이 두 배나 많을지 모르지만, 자신의 일에 만족감을 느끼지 못하고 아침마다 일하러 가기 싫어할 수도 있다. 회사 파티에서 다른 사람들의 관심을 한 몸에 받는 동료지만 사생활에서는 전혀 행복하지 않을지도 모른다.

드러난 겉모습만 보고 눈부시게 반짝인다고 생각할수록 우리의 질투심은 더욱 거세진다. 질투의 증상이 느껴지면 잠시 생각을 멈춰 보자. 위장 부근을 찌르는 듯한 통증, 목이 답답해지는 느낌 등을 지각하면 최대한 정확히 그림 전체를 보려는 노력을 기울여야 한다.

생각할 거리

이제 당신이 부러워하는 사람들을 자세히 바라보고 다음 질문에 답해 보자.

- 질투하는 상대에 대해 당신은 무엇을 알고 있는가?

- 상대가 현재 있는 우월한 위치에 다다르도록 만든 것이 무엇인지 알고 있는가?
- 환한 빛 뒤에 있는 그림자를 보게 되었을 때(상대가 치렀을 대가를 알게 되었을 때), 당신의 질투 감정에는 어떤 변화가 일어나는가?

사태의 전모를 보려는 노력을 기울이면 상대가 우리 내면에 가까이 다가온다. 그러면 더 이상 상대에게 일방적으로 부정적 감정을 투사하지 않게 된다. 그의 우월한 점만이 아니라 약한 점도 인지하게 된다. 나아가 상대에게 한두 가지 호감을 발견할 수도 있다.

156쪽의 질문을 떠올려 보자. '질투심이 들지 않는 순간은 언제인가? 자신이 갖고 싶은 것을 다른 사람이 가지고 있어도 질투심이 생기지 않을 때는 언제인가? 그때는 왜 질투심이 들지 않는다고 생각하는가?'라는 질문의 답을 참조해 보라. 질투심 없이 다른 사람을 인정하기는 공감과 관련이 있음을 알게 될 것이다. 상대를 좋아하거나, 상대가 인정받을 만하다고 생각하면 우월함도 인정하게 된다. 심지어 상대의 행복을 함께 기뻐할 수도 있다.

가끔은 너무 비싼 대가

우리가 부러워하는 것들 중 다수는 이룰 수 없거나 대가가 너무 큰 것이기도 하다. 그것들은 너무 '비싸' 보인다. 시간, 경비, 자기 절제와 인내 등 갖기 위해 치러야 하는 대가가 너무 많다. 노력을 하다 보면 어느 시점부터 원했던 것이 더 이상 원할 가치가 없어 보인다.

이르미는 친구 마르기트처럼 날씬해지고 싶다. 그녀는 마르기트의 곧고 날렵한 몸매를 부러워하지만, 식단을 조절하거나 운동을 하지는 않는다. 이고르는 동료처럼 박사 학위를 갖고 싶지만, 직업과 병행하면서 논문을 쓸 만큼 엄격하게 생활할 자신이 없다.

우리는 무언가를 얼마만큼 절실하게 원하는가? 무언가를 이루기 위한 각오는 얼마큼 단단한가? 우리가 부러워하는 사람들이 이룬 것에 도달할 만큼 절실하고 강한가? 기본적으로 원하는 것의 대가를 지불할 능력은 되지만 준비가 되지 않았다고 인정하는 것은 부끄러운 일이 아니다. 자책감을 가질 필요도 없다는 사실은 한편으로 중요한 깨달음을 준다. 그만큼의 노력을 기울일 정도로 원한 것이 아님을 알게 된다.

우리가 원하는 것이 다른 어딘가에 있을지도 모르지 않은가. 다만 아직 발견하지 못했을 뿐이다. 자기가 가진 많은 것을 기꺼이 투자하고 싶은 대상을 만나지 못했을 뿐이다. 다른 사람이 가진 것이 우리에게 없다는 법은 존재하지 않는다. 다른 사람이 가진 것, 그의 현재 모습이나 능력은 우리가 삶에서 실현시키고자

하는 바를 상징적으로 보여 주는 것일 수도 있다.

비교를 대하는 바른 자세

앞에서 말했듯 우리는 비교하는 습성을 끊지 못한다. 비교는 우리의 방향 설정에 도움이 되고, 의지와 상관없이 자동적으로 일어나기 때문이다. 다만 자신을 평가 절하하지 않으면서 비교하는 습관을 들일 수는 있다. 다른 사람의 상황 전체를 그려봄으로써 전반적인 자신의 모습을 돌아보는 것이다.

질투를 하는 동안 자기가 부족하다는 결핍의 감정이 든다고 해서 우리의 강점과 좋은 점이 자동적으로 사라지지는 않는다. 그것들은 항상 제자리에 있다. 우리가 질투로 인한 결핍의 감정에 휩싸이는 순간에도 그렇다. 결핍의 감정은 한순간에 불과하다.

동료가 자신보다 나은 프레젠테이션을 했지만, 분석력과 오류를 찾아내는 능력은 당신이 더 뛰어날 수 있다. 동료 직원은 키도 크고 늘씬한 몸매를 가졌지만, 언제나 밝은 얼굴과 기분 좋은 웃음을 짓는 당신의 인상이 더 좋을지도 모른다. 비교를 한다면 다른 사람에게 향한 시선을 거두어 자신에게로 옮겨야 한다. 자기의 개성을 인식해야 한다.

세상에 완전한 사람은 없다. 우리 모두는 각기 다른 장점과 능력을 가지고 있다. 다른 사람이 가진 소유물, 지위, 능력 등을 부러워해야 하는 상황에 처하면 자신에 대한 기분 좋은 생각들을 떠올려 보자. 자신이 성취한 일과 성공, <u>스스로 자랑스럽게 생각하고 뿌듯하게 생각하는 것들을 눈앞에 떠올리면 도움이 될 것이다. 7장을 참조하라

생각할 거리

누군가와 비교하여 상대가 자기보다 뛰어나고, 능력 있고, 똑똑하다는 생각이 드는 반면 자신은 부족하다는 생각이 든다면 다음의 훈련을 해보기 바란다.

- '이제 그만'이라고 말하며 생각을 멈춘다.
- 자신에게 집중한다. 예를 들어 손을 명치끝이나 배에 갖다 댄다. 자기를 잘 느껴 보도록 하자.
- 호흡에 집중하면서 심호흡을 수회 반복한다. 들어오고 나가는 숨만 느끼도록 한다.
- '나는 지금 이대로 아무 문제없어'라는 개인적인 격려의 말을 덧붙여도 좋다.

곁눈질하며 다른 사람이 가진 것이 무엇인지에만 골몰하면 집중력과 에너지는 그에게로만 간다. 자신에게 유익한 쪽으로 향하지 않는다. 질투에서 나오는 비교를 하게 되면 자신에게로 관심을 돌려 고요한 상태에서 호흡을 관찰하는 것이 중요하다.

자신을 인정하기는 그 자체로 가치가 있다. 우리의 능력과 특성, 외모와 무관하다. 지식이나 능력, 지위나 소유물과는 관계가 없다. 우리가 승자인지 패자인지, 성패의 여부와도 상관이 없다.

질투, 고백해도 괜찮을까?

자신의 질투를 인정하기만으로도 버거운 사람이 있다. 질투의 대상에게 솔직히 감정을 고백하면 어떨까. 질투는 사회적으로 원치 않는 감정이어서 자신에게 감정을 고백하기보다 거부 기제가 높은 것은 당연하다. 위험의 요소도 가지고 있다. 자신의 생각과 감정을 말하는 순간 위험을 감수해야 한다. 우리는 상대가 어떤 태도를 보일지 모르기 때문이다. 상대가 수용적인 자세로 이해해 줄지, 방어 반응을 보일지 모른다. 만약 '공식적'으로 질투 감정을 고백한다면 다음의 사항을 잘 고려해야 한다.

질투의 커밍아웃 : 위험한 지뢰

사실 질투의 커밍아웃이 이해와 공감을 가지고 칭찬받는 일은 거의 일어나지 않는다. 고백하는 사람의 용기를 칭찬하고 솔직함에 감탄하는 일은 드물다. 반응은 사람마다 각기 다를 수 있음을 유념해야 한다.

"그러지 마. 부담스럽다고!"

질투 고백이 부담으로 작용하는 사람이다. 자신의 자유가 사라졌다고 생각하는 사람이 보이기 쉬운 반응이다. 혼란스러움과 불신을 드러내며, 경우에 따라서는 거리를 두기도 한다. 어떻게 행동해야 할지 모르기 때문이다. 자신의 뛰어난 점을 인정하지 않는다는 것을 알게 되면 불안감을 느낀다. 자신을 거부하거나 적대적인 감정을 품을 것이라고 추측하기 때문이다.

"나한테 어쩌면 이럴 수 있어!"

질투의 고백을 애정이나 공감대의 손실로 해석하는 사람이다. 자신에게 보여 줬던 호감이 피상적이었다고 생각한다. 그런 호감은 언젠가 할 수 없었던 것을 우리가 성취하면 사라질 것이라고 믿는다. 순수한 마음으로 자신의 발전을 기원하지 않고 이익을 감안해 계산된 행동을 했다는 생각에 실망감을 느낀다.

"그러면 그렇지. 앞으로 나한테는 안 돼. 알겠어?"

질투의 고백을 항복 선언이라고 생각한다. 거드름을 피우며 받아들인다. 우리가 질투했다는 사실을 제3자 앞에서 공개하거나 놀림거리도 쓰기도 한다. 고백한 사람은 솔직했다는 이유로 위신에 손상을 입어야 하며, 조롱 섞인 말과 놀림을 받게 된다.

질투심을 고백할 때는 주의 깊게 생각해 보아야 한다. 말하는 것이 좋을지, 누구에게 어떤 방법으로 해야 할지 등을 고려해야 한다. 만일 당신이 질투심을 고백한다면 무엇을 기대하고 하는가. 이해? 해방? 용서?

위험을 충분히 생각하고도 고백하기로 결정했다면 자기감정을 적절히 표현하는 센스가 필요하다. 질투를 상대에 대한 감탄으로 표현한다면 상대에게 적대적인 기분을 들게 하지 않을 것이다. '그것을 해내다니! 정말 대단합니다. 당신의 성공이 부럽습니다' 같은 표현이 '당신에게 질투가 나네요'라는 말보다 편안하게 들린다. '캐나다에 여행 가신다니 저도 기쁩니다. 저도 갈 수 있다면 더 좋겠지만요'라는 말은 상대에게 생긴 좋은 일로 기분이 나쁘지 않다는 인상을 준다.

간혹 부러워하는 사람과 직접 이야기를 하면서 질투심이 사라지는 경우도 있다. 목표에 도달하기 위해 어떤 노력을 했는지 대화를 통해 듣기 때문이다. 어떤 대가를 치러야 하는지가 화제로 떠오르며 자신도 대가를 치를 수 있는지 생각해 보게 된다.

　자신이 처한 상황과 다른 사람에 대한 질투심을 터놓고 말할 친구가 있다면 솔직하게 말해 보자. 질투를 자연스럽다고 생각하는 데 효과적이다. 질투가 우리의 생각과 행동에 미치는 영향을 줄이는 작업에 큰 도움이 될 것이다. 가장 좋은 방법은 신뢰할 뿐만 아니라 성급히 도덕적 비난을 하지 않으며, 열린 마음으로 필요한 공감을 해줄 사람과 이야기하는 것이다. 그러면 마음의 부담도 줄어들고, 새로운 시각도 얻는다.

02
태와 가치 체계 바꾸기

　질투심은 특정 사고방식과 결부되어 있다. 우리는 지각한 것에 대해 거의 반사적으로 좋고 나쁨을 평가한다. 그 평가를 바탕으로 세계에 질서를 부여한다. 우리의 평가 시스템은 지금까지 우리가 살아온 삶의 경험, 가치 체계, 습관의 결과물이다. 질투의 감정 역시 사실은 하나의 가치 평가이다. 개개인의 가치 판단과 사고 유형은 자신과 세계에 대해 갖는 상에서 생겨나지만, 동시에 그것이 옳다는 점을 확인해 주는 역할을 한다. 우리의 세계상은 다음의 요소들로부터 생겨난다.

- 우리가 옳다고 생각하는 것

- 우리가 확신하고 있는 것
- 우리가 믿고 있는 것

사람에게는 각자 나름의 세계상이 있다. 사실 세계상을 갖지 않기는 불가능하다. 하지만 우리는 가치 체계와 사고 유형에 대해 부분적으로만 의식하고 있다. 그럼에도 우리의 모든 결정은 세계상에서 형성되며 타인에 대한 관계도 마찬가지다.

아주 어렸을 때부터 지금까지 해 온 경험들의 결과로만 세계상이 만들어지는 것은 아니다. 그것은 우리의 미래에 많은 부분에 걸쳐 큰 영향을 미친다. 우리는 자신과 세계에 대해 그리는 상을 자주 현실과 동일시하며, 그것을 기준으로 행동한다. 따라서 우리는 현실에 기초한 판단이 아닌, 우리가 그린 자아상과 세계상에 들어맞는 결론을 선택하게 된다.

그렇게 내려진 결론은 우리의 세계상이 옳았음을 다시금 확인시켜 준다. 계속 반복되는 이런 과정이 '자기실현적 예언'이라는 개념이다. 우리는 새로운 경험을 할 때 자신이 가진 전제와 가치 체계를 토대로 경험들을 걸러 낸다. 이때 우리는 자신의 세계상이 옳다는 점을 확인시켜 주는 것만 인식하고, 부합하지 않는 것은 차단해 버린다.

가치 체계 발견하기

평가 기제 **A-B-C**를 기억하는가? 119쪽 참조

A = 원인
B = 가치 평가
C = 결과

이 기제는 질투가 일어날 때 나타나는 직접적인 감정 반응에만 해당되는 공식이 아니다. 우리 사고에도 적용된다. 질투심이 일어날 때마다 우리는 어떤 특정한 생각을 함께하고 있다. 그 생각들은 우리가 학습한 내적 가치의 평가 유형, 전제들, 가치 체계들에 기초해 있다.

우리가 특정 상황을 변화시킬 수는 없지만, 사물을 바라보는 방식과 일어난 일의 해석은 항상 바꿀 수 있다. 우리는 늘 어떤 사람이나 사건을 어떻게 평가할지 선택해야 한다. 그렇다고 수십 년 전에 한 번 습득한 적이 있는 사고의 패턴을 늘 똑같이 따라야 하는 것은 아니다. 인생의 특정 시점에 다다른다고 해서 새로운 것을 배우려는 태도나 사고 및 행동 유형을 수정할 능력이 소실되지는 않는다. 우리 뇌는 나이가 많이 들어도 변화를 꾀하고, 새로운 유형을 형성하는 능력을 갖고 있다.

동일한 패턴의 사고, 질투를 유발하는 요인과 관련해 과거 언젠가 학습된 평가 유형 역시 바뀔 수 있다. 지금까지 어떻게 반응해 왔으며, 어떻게 느끼고 생각했는지를 자각해 무엇이 더 유용한지 알아야 한다. 그런 후에 사건을 평가하는 새로운 방식을 체계적으로 훈련해야 한다.

이런 뇌의 능력을 '신경 가소성'이라 부른다. 신경 세포들 간에 새로운 연결을 계속해서 만들어 내고, 새로운 시냅스를 형성하는 능력이다. 이런 능력을 통해 뇌는 일생 동안 새로운 자극에 적응한다.

늘 이용하는 신경 세포 사이의 연결망은 굵은 다발을 형성하게 된다. 반대로 거의 사용하지 않는 연결망은 가늘어진다. 이 연결 조직은 뇌의 모든 영역에 걸쳐 분포되어 있어 우리의 사고와 감정에 영향을 미친다. 지금까지 질투심이나 패배감에 공격 성향을 가지고 반응했다면 가능한 반응 양상들 중 한 가지 형태일 뿐이다. 우리 뇌의 시냅스가 지금까지의 경험들에서 얻은 결과를 토대로 만든 한 가지 방식인 것이다.

생각할 거리

아래 문장들의 뒷부분을 즉석에서 완성해 적어 보자. 오래 생각하지 말고 머릿속에서 떠오르는 대로 적어야 한다. 한 문장에 여러 가지 생각이 떠오를 경우에는 전부 적도록 한다.

- 나를 가장 시샘하게 만드는 것은 (   )이다.
- 내가 누군가를 질투하면 제일 먼저 드는 생각은 (   )이다.
- 꿈은 (   )이다.
- '변화'라는 말과 함께 떠오르는 생각은 (   )이다.
- 다른 사람들은 나를 좋아한다. 왜냐하면 (   )
- 어떤 사람들은 나를 거부하는 것 같다. 왜냐하면 (   )
- 모든 일이 나보다 잘되는 듯한 사람들을 보면 나는 (   )라는 생각이 든다.
- 누군가 나를 질투한다는 인상을 받으면 (   )라는 생각이 든다.
- 행복이란 (   )이다.
- 질투하는 대상의 소유물이나 능력을 내가 가졌거나 할 수 있다면 나는 (   )할 것이다.
- 내가 가장 두려워하는 것은 (   )이다.
- 삶에서 제일 중요한 것은 (   )이다.
- 나에게 필요한 것은 (   )이다.
- 나는 (   )을 포기할 수 있다.
- 성공이라는 말과 함께 떠오르는 생각은 (   )이다.

- '좋은 삶을 산다'라는 말과 함께 떠오르는 생각은
  (   )이다.

당신이 떠오르는 대로 즉각 대답했다면 뜻밖이라고 생각할 답을 발견할 것이다. 답하기 위해 많은 생각을 했다면 다른 답을 썼을지도 모른다. 무엇을 '써야 할지' 고민하면서 썼기 때문이다.

가치 체계는 상대적이다

우리는 다른 사람들도 우리와 비슷하게 세계를 볼 것이라고 생각한다. 그러면서 누군가 사물에 대해 완전히 다른 시각을 가질 수 있음을 알고 놀라워한다. 인간의 뇌는 각기 다른 구조로 되어 있다. 사람의 얼굴, 목소리, 지문이 모두 다르게 생긴 것처럼 말이다.

당신이 신뢰하는 사람에게 위의 생각할 거리에 나온 문장을 주고 뒤의 빈칸을 완성해 보라고 하면 흥미로운 결과가 나타난다. 단 당신이 적은 답은 보여 주지 말아야 한다. 그런 뒤 당신이 적은 답과 상대의 답을 비교해 보라. 비슷한 것도 몇 가지 있겠지만, 완전히 다른 답도 있을 것이다. 어떤 것도 '맞거나', '틀리지' 않다. 정당하거나 정당하지 않은 대답도 없다. 개인적 역사에 근거해 각자의 전제, 가치 체계, 사고 유형들을 가졌을 뿐이다.

  세계는 사람마다 각기 다르게 보인다. 우리가 크게 간과하는 부분은 우리의 세계상이 세계를 보는 많은 방식들 중 하나일 뿐이라는 점이다. 우리는 자신의 관점이 '맞는' 관점이며, 세계는 자기가 해석하는 방식대로 존재한다고 확신하는 경향이 있다. 당신의 가치 체계가 맞는지, 지인의 신념이 맞는지 물어보는 질문은 불필요하다. 문제는 여러분이 현재 하듯이 생각하고 판단하는 것이 삶의 발전과 목표를 위해 필요한지, 방해가 되는지 여부이다.

생각할 거리

필요한가, 아니면 방해되는가라는 관점에서 위의 문장 채워 넣기 연습을 다시 살펴보자. 문장에 표현된 가치 체계와 그로부터 발생하는 결과 사이의 연관 관계를 밝혀 당신의 생각을 적어 보자.

- 그런 생각이 자신에게 어떤 도움이 되는가?
- 이런 가치 체계에 근거해 어떤 결정을 내리는 다양한 상황들을 생각해 보자. 어떤 감정이 일어나는가?
- 어떤 다른 대안이 있겠는가?

'내가 누군가를 질투하면 제일 먼저 드는 생각은'이라는 문장 뒤에 알리샤는 '나는 절대 해내지 못할 것이다'라고 적었다. 반면 마르코는 '그 사람은 그것을 가질 만큼 잘하지 못했다!'라고 적었다.

'누군가 나를 질투한다는 인상을 받으면'이라는 문장 뒤에 이르미는 '드디어 나에게도 좋은 일이 생기는구나!'라고 적었다. 파울은 '조심해야겠군. 그 사람이 나를 미워할지도 몰라'라고 적었다. 브리기테는 '그 사람이 정말 내 모습이 어떤지 알았다면 질투하지 않았을 텐데'라고 적었다.

위 문장들 중 어떤 것도 '더 낫'거나 '더 나쁘지' 않다. 완성한 문장을 통해 그들의 이후 결정을 추측해 볼 수는 있다.

알리샤는 자신감이 거의 없고, 기회를 이용하는 데 소극적이거나 뒤로 빼는 자세를 취할 것이다. 마르코는 세상에 분노하는 데 많은 에너지를 사용할 것이다. 혹시나 불리한 일을 당하지는 않을지 의심쩍은 눈으로 신경을 곤두세울 것이다.

이르미는 남이 자신을 질투한다는 사실에 기분이 좋아졌으니, 계속 '좋은 하루'가 될 기회를 찾을 것이다. 파울은 질투받는 것을 불편하게 생각하여 되도록 그런 상황은 피해 가려고 할 것이다. 브리기테는 훗날 잘되는 일이 있을 때마다 자신을 위선자라고 느낄 것이다. 실패해야 자신이 '안전한' 곳에 발을 딛고 있음이 확인되어 안심할 것이다. 그러면서 자신의 전제들이 맞다고 느낄 것이다.

사고와 감정의 회전목마

3장에서 살펴봤던 질투에 대응하는 다양한 방식들은 그것에 상응하는 가치 체계와 사고 유형을 갖기 마련이다. 아무 이유 없이 우울하거나 다른 사람에게 적대감이나 감탄을 느끼는 것이 아니다. 어떤 행동 밑에는 그것을 일으키는 생각이 있다. 그 생각 속에는 우리가 믿는 가치 체계들이 움직이고 있다. 역으로 우리는 그 생각들을 가지고 감정을 강화시키기도 하고 약화시키기도 한다.

성공한 사람들을 대할 때 무기력감을 느낀다면 우리는 어떻게 생각할까. 아마 외부에서 벌어지는 일들은 우리가 예측할 수 없으며, 대응할 만한 일도 별로 없다는 믿음을 가질 것이다. 그러면서 이어지는 반응도 수동적일 것이다.

다른 이의 성공 때문에 화가 나거나, 경쟁에서 누군가 자신을 앞서서 석연치 않은 점이 있다고 생각한다면 어떻게 될까. 아마 세계는 전횡과 학연, 지연이 지배하는 곳이라고 생각해 항상 자신을 부당함에 맞서 방어해야 한다고 믿을 것이다. 그러면 분노로 인해 자신의 이익에 반하는 경솔한 행동을 할 수도 있다.

사람은 어떤 질투형 우울형, 적대형, 감탄형 인지에 따라 반응하는 방식과 화두가 달라진다.

우울형 질투의 화두: 자기 회의

질투를 우울한 기분이 드는 것으로 경험하는 사람은 일종의 '내적으로 비뚤어진' 상태에 있다고 할 수 있다. 부러워하는 대상은 연단 위에 있다고 느끼는 반면, 자신에게서는 잘못과 부족함만 본다. 그런 사람에게 자신의 약점과 결함을 고백하기란 어려운 일이 아니다. 그러면서 자신의 재능, 능력, 사랑스러운 면을 외면한다. 결국 나중에는 다른 사람들이 자기보다 '뛰어나고 똑똑하며, 재능 있고 세련되었으며, 교양과 매력이 넘치고, 파트너와도 좋은 관계를 맺으며, 많은 돈과 행운을 가진 것'으로 비춰진다. 부러움의 목록은 끝도 없이 계속된다. 자신이 부족하다는 느낌에 반영된 사고 유형에는 다음과 같은 것들이 있다.

- "내가 ……를 하면 비로소 그때 나는 ……을 할 수 있을지도 몰라."
- "노력하는 것이 아무 의미가 없어."
- "이런 조건이 되면 난 ……할 수 있을 거야."

- "그래, 그는 당연히 그것을 할 수 있지. 하지만 나는 아니야."
- "내가 더 아름답고 똑똑하다면 ……을 할 수 있을지도 몰라."
- "그것은 될 수가 없어. 나에게는 ……가 없어."
- "그만두는 편이 좋겠어. 어차피 망신만 당할 거야."

다른 사람들이 어떤 식으로든 자기보다 가치 있고 낫다고 믿는 한 그들과 같은 눈높이에서 만나지 못한다. 스스로 열등하다고 생각하면 신체 언어, 몸동작, 말 표현을 통해 나타난다. 호감과 인정을 잃지 않기 위해 애쓰고, 아주 인심 좋게 양보를 잘하며 친절해 보이려는 행동이 그런 것들이다.

그와 같은 노력으로 칭찬이나 인정을 받기도 하지만, 그렇지 않은 경우도 있다. 질투형의 사람이 비난을 받으면 겉으로는 바로 평정심을 찾은 듯 보이지만, 속으로는 자신을 증오한다. 이것은 가치를 인정하고 존경으로 나아가는 길이 아니다. 이런 태도는 평상시 자기 자신에 대한 생각을 반영한다. 다시 말해 자신은 가치가 '낮고', 남보다 가진 것이 적으며, 능력이 떨어지고, 어떤 것을 이루더라도 다른 사람에 못 미치는 성공이라는 생각 말이다.

보통 질투형의 사람은 구경꾼에 머물기 쉽다. 함께 어울리며 원하는 것을 표현하고, 반대에 부딪혀도 뚫고 나갈 용기가 나지 않기 때문이다. 적극적으로 나서다가는 실수할 수도 있고, 비난받거나 누군가의 호의를 잃을 수도 있다고 생각한다.

> ### 생각할 거리

- 자신이 자주 교류하는 사람들을 마음속에 떠올려 보자. 당신은 누구에게 열등감을 느끼는가?
- 어떤 이유에서 열등하다고 생각하는가?
- 정말 하고 싶은 일을 위해 적극적으로 나서는 대신 어떤 상황에서 소극적인 상태로 있는가?
- 지금까지의 접근 방식이 아니라 앞으로 나아가게 할 대안은 무엇인가?
- 지금보다 적극적으로 관심을 표현하도록 자신을 도와줄 것은 무엇인가?

발터는 지역 일간지의 기자이다. 그는 자신의 가치가 '낮다'는 생각으로 괴로워하는 사람 중 한 명이다. 그는 동료 캐빈과 프레드를 부러워한다. 그들은 흥미로운 보고 기사와 인터뷰를 따내는데, 자신은 장시간의 시의회 회의나 지역에서 활동하는 단체들의 연례 총회와 같은 지루한 행사에 매달려 있어야 한다.

미팅 시간이었다. 캐빈과 프레드가 흥미진진한 기사를 맡자 심장 부근에 찌르는 듯한 느낌을 받았지만, 아무 말도 하지 않았다. 그저 '더 잘해야 한다. 더 멋지게 쓰고, 더 날카롭게 문제를 표현하고, 더 빨리 작성해야 한다'고 생각했다.

자신이 부족하다는 감정 때문에 절망하지 않으려면 성향에 맞서 적극적으로 행동해야 한다. 박진감 넘치는 기사를 맡고 싶다면 편집부 서열에서 좋은 자리를 확보하기 위해 어떻게 했는지 캐빈이나 프레드에게 직접 물어보는 것도 방법이다. 그들이 쓰는 전략에서 무엇을 보고 배울지, 흥미로운 기사를 맡기 위해 어떤 방법을 이용할지 스스로 연구해도 된다.

그가 할 수 있는 일 중에서 효과가 가장 오래 지속되는 것은 자존감을 높일 자아상을 갖는 것이다. 자신에 대한 부정적 믿음들을 없애고 용기를 북돋아야 한다.

수동적인 포기 상태에 있으면 정체 상태에 빠진다. 수동적으로 참으면 내적 성장과 만족이 생기지 않는다. 자신에게 자발적 행동 능력이 있음을 깨닫고 적극적으로 사용해야 발전할 수 있다. 단, 전제 조건이 있다. 자신에게 용기를 꺾는 생각과 사고 유형이 있음을 인식하고 하나씩 변화시켜야 한다. 상황의 주변부에 있는 구경꾼이 아니라 적극적으로 나설 용기를 북돋아 주는 모델로 대체하는 것이다. 우울형 질투에서 가장 중요한 것은 자신의 좋은 점을 인식하고 확대해 현실에서 발휘하는 것이다.

적대형 질투의 화두 : 분노

적대감을 갖는 것으로 질투심을 느끼는 사람은 마음에 화약통을 지고 있는 상태와 비슷하다. 처음부터 타인을 불신하지는 않지만, 누군가 자기보다 유리한 조건에 있다는 인상을 받으면 갑자기 불신의 마음이 일어난다.

특히 자신이 불이익을 당하고 뒤로 처지게 됐다는 생각에 빠지면 원한과 복수심에 휩싸인다. 자신에게 집중하는 데 에너지를 쓰지 않는다. 다른 사람을 깎아내리거나 자기가 받은 상처를 설욕하기 위해 사용한다. 여기에 자주 사용되는 사고 유형에는 다음과 같은 것이 있다.

- "그들은 나를 싫어해."
- "나는 그에게 본때를 보여 줄 거야. 그러면 그 인간은 쓴 맛을 보겠지!"
- "그 사람을 보기만 해도 속이 부글부글 끓어올라."
- "불공평한 세상!"
- "어차피 공정하게 되는 것이 아니야. 전부 썩었다고."
- "내 그럴 줄 알았지. 맨날 풀리는 사람만 풀려. 아무리 무능해도 잘 풀리는 사람은 계속 잘 풀리지."

상대에 대한 들끓는 분노는 마음 밑바닥에 깔려 있다가 적절한 기회가 생기면 새롭게 불붙는다. 이런 사람은 분노로 인해 성격이 매우 까칠하며, 삶의 질에도 좋지 않은 영향을 받는다. 동료들에게도 기피의 대상이 된다. 기피 대상이 된 것을 알고는 다른 사람들이 서로 짜고 자기를 모함한다고 생각한다. 그러면서 그들을 신뢰할 수 없다고 판단한 자기 생각이 맞다고 생각한다. 적대형 질투는 사람을 아주 고독하게 만든다.

생각할 거리

- 다른 사람에게 했던 기대 중 무엇이 자주 실망으로 끝났는가?
- 이유는 어디에 있는가?
- 자주 교류하는 사람들을 눈앞에 떠올려 보자. 당신은 누구에게 특히 화가 나는가?
- 부당하게도 자기보다 상대가 더 우월하다고 여기는 사람은 누구인가?
- 그 이유를 무엇이라고 생각하는가?
- 보통 그런 상황에서 어떻게 반응하는가?
- 자신의 소망과 목표를 분노로 점철된 반응이 아니라 건설적으로 실현할 행동에는 무엇이 있을까?

마티나는 8년 전부터 성인 교육 기관에서 일하고 있다. 관리 책임자 대리를 채용한다는 공고가 나오자 지원했지만, 자리를 얻은 사람은 직장 동료 테사였다. 그녀는 화가 나 폭발할 지경이었다. 있을 수가 없는 일이었다. 테사가 그 자리에 앉게 되리라고는 상상도 하지 못했다. 자신이 테사보다 직업적으로나 인성 면에서 훨씬 우월하다고 여겼다. 그녀는 테사 밑에서 일해야 한다는 사실에 굴욕감을 느꼈다. 그녀는 다음과 같이 생각한다.

'테사에게 내가 어떤 사람인지 가르쳐 주겠어.'

'승진심사위원회에 있었던 사람들도 모두 마찬가지야!'

요즘 그녀의 머릿속에는 '어떻게 하면 가장 멋진 복수를 할 수 있는가'라는 생각이 가득 차 있다.

분노는 자신이 가진 기회와 발전 가능성을 분명하게 인식하지 못하도록 방해한다. 분노를 자제한다면 건설적인 방법을 다양하게 모색해 볼 수 있다. 예를 들어 마티나는 분노하는 대신 테사가 선택된 결정적인 이유가 무엇인지 알아봄으로써 사태 파악을 보다 분명히 할 수 있다. 그러면 자기와 테사를 놓고 스스로 비교했을 때는 미처 생각지 못했던 테사의 강점을 알게 된다.

승진 심사에서 테사의 어떤 강점이 결정적으로 영향을 미쳤는지 간파하면 자기 계발 측면에서도 도움이 될 것이다. 자기 발전을 통해 다른 기관의 관리직 자리에 지원하게 될 수도 있다. 적대형 질투의 가장 큰 장점은 그 속에 자리 잡은 에너지이다. 에너지를 긍정적으로 전환하는 것이 중요하다. 긍정적으로 전환된 에너지는 목표 실현의 성장 동력이 된다.

감탄형 질투의 화두 : 자기 인정

질투심을 부러워하면서 감탄하는 형태로 표현하는 사람은 자신의 능력을 향상시키는 데 초점을 맞춘다. 부러워하는 대상에 버금가기 위해 노력하는 것이다. 자기가 부러워하는 대상과 같은 위치에 서면 노력을 통해 인정받았다고 느낀다.

'흰색' 질투는 우울형이나 적대형과 같은 '검은색' 질투와 다르다. 에너지를 자기 발전에 투자한다는 장점이 있지만, 이 또한 위험성을 내포하고 있다. 이런 유형은 부러움의 대상이 성취한 것에 도달하기 위해 더 많이 일하고 애쓴다. 부러워했던 대상의 수준에 이르면 관심은 이미 다른 것으로 옮겨 간다. 욕망의 지평에 새로운 대상이 나타나는 것이다.

새로운 대상은 지금까지 성취한 것의 가치를 상대적으로 작아 보이게 만든다. 질투와 노력의 순환이 처음부터 다시 시작된다. 순환이 계속 반복되면 만성적 에너지 소진으로 끝나게 된다. 그들에게 자주 나타나는 생각 유형은 다음과 같다.

- "나도 그것을 가져야만 해."
- "나도 저렇게 되고 싶어."
- "내가 할 수 있다는 것을 증명해 보여야지."
- "그것을 성취하면 분명히 기분이 좋을 거야."
- "그래 저거야! 저것이 나를 행복하게 만들어 줄 거야."

그들은 전에 부러워했던 것을 갖게 되더라도 이상하게 애써 이룬 성취가 김빠지게 느껴진다. 완전히 다른 것을 상상하고 보다 큰 기대와 만족감을 예상했기 때문이다. 끊임없이 새로운 승리와 성공을 쫓아다니지만, 성취한 순간 얻는 행복감이 짧은 이유도 비슷한 맥락으로 이해할 수 있다.

생각할 거리

- 현재 당신이 모범으로 삼는 사람은 누구인가?
- 그는 당신이 가졌으면 하는 어떤 것을 가지고 있는가? 또는 어떤 능력을 지녔는가?
- 그와 동등하게 되었다고 상상해 보자. 어떤 생각이 드는가? 자기의 행복, 편안함, 만족을 위해 어떤 기여를 하기 바라는가?
- 지난 2년 동안 다른 사람에게 뒤지지 않기 위해 했던 일을 떠올려

보자. 당신은 어떤 일에 지금도 기뻐하고 있으며, 어떤 일에 무관심하게 되었는가? 벌써 관심 밖으로 밀려 더 이상 신경 쓰지 않는 일이 있는가? 있다면 어떤 일인가?

요나스는 자기의 새 스포츠카를 오랫동안 흐뭇하게 여겼다. 동료 톰이 완전 최신형을 몰고 나타나 옵션을 자랑스럽게 이야기하기 전까지는 말이다. 이제 자신의 자동차는 시시하게 보인다. 요나스는 지금 가진 차를 팔고 원하는 새 모델에 몇 가지 옵션을 더 추가한 차를 마련하기 위해 회사에 특별 근무를 신청할까 고민 중이다. 그러고 난 후에는 어떻게 될까. 그사이 다른 동료가 좀 더 멋진 차를 끌고 눈앞에 나타난다면? 아마 요나스는 다시 조급해질 것이다.

다른 방법도 있다. 원하는 대상을 얻는 것이 개인적으로 어떤 의미를 갖는지 생각해 보는 방법이다. 정말 행복하고 충족된 삶에 대해 자신이 그린 그림에 근접한지 따져 봐야 한다. 다른 사람이 가진 것을 부러워하거나 부러움의 대상을 좇기 전에 말이다.

자신을 갉아먹는 생각 허물기

'자신의 가치관은 절대 변하지 않는다'가 아니라 변화시킬 수 있다고 평소에 생각해야 한다. 강화하거나 약화시킬 수 있으며, 완전히 버릴 수도 있다는 점을 명확히 해야 한다. 그런 생각이 있어야 삶을 더 적극적이고 유연하게 만든다. 그래야 늘 반복하지만 결과가 달갑지 않았던 경험에 변화의 여명이 비친다.

평소의 가치관을 정확히 알수록 자신에게 걸림돌이었던 생각과 사고 유형을 더욱 잘 발견할 수 있다. 그러기 위해서는 자신이 그린 세계에 대한 그림이 현실 전체를 반영하지 않고 몇몇 측면에만 국한되었음을 깨달아야 한다. 그것을 깨달아 지금까지의 인식을 변화시키기 위해 노력하면 새로운 시각과 결과를 얻는다. 새로운 시각에 대해 개방적인 태도도 가지게 된다.

가치관에 대해 알아보기

이 연습에서는 즉각적인 반응이 중요하지 않다. 자신의 시각을 깊이 생각해 보기 위한 연습이다. 다음은 가치관에 대한 목록이다. 먼저 처음부터 끝까지 주의 깊게 읽어 보고, 90퍼센트 이상 찬성할 만한 목록 하나를 본보기로 골라내 보자.

- 부자는 자기의 모든 소원을 충족시킬 수 있다.

- 부자는 가난한 사람들의 희생을 먹고 산다.
- 돈은 성격을 망친다.
- 다른 사람들은 항상 나보다 운이 좋다.
- 대부분의 사람들은 이기적이고, 자신에게 유리한 것만 생각한다.
- 나는 항상 불이익을 받는다.
- 원하는 것을 모두 가진 사람은 행복하다.
- 세상은 나쁘다.
- 나는 자격이 없다.
- 행복한 어린 시절을 가진 사람만이 인생에서 성공한다.
- 외모가 괜찮아야 좋은 직업을 얻는다.
- 높은 지위에 있는 사람은 어차피 우리가 원하는 것보다 자신들이 원하는 것을 한다.
- 요즘은 50세가 넘으면 직업을 얻지 못한다.
- 모든 사람은 이기적이다.

이제 여러분이 선택한 가치관에 문제 제기를 해보자. 아래의 질문에 답해 보자. 당신이 선택한 문장에 확신하는 이유를 시간을 가지고 곰곰이 생각해 보자.

- 왜 당신의 눈에는 그것이 사실로 보이는가? 그것을 증명하기 위한 결정적 증거는 무엇인가?

- 그 증명은 어디에 근거하는가?
- 그 가치관은 어디에서 비롯되는가? 어떤 경험에서 직접 얻게 된 생각인가? 아니면 다른 누군가에게서 영향을 받은 것인가?
- 가훈, 학교나 교육받는 기관의 규칙, 친구들이나 동료 집단의 견해, 사회적 영향 광고, 텔레비전, 잡지, 정치 등 과 같은 일반적 사고 모델이 어떤 역할을 하는가?
- 자신이 믿었던 모습과 현실이 일치하는 것을 얼마나 자주 경험했는가? 예외적인 경우가 있었는가?
- 반드시 그렇게 생각해야 한다는 근거가 있는가? 그런 생각이 별로 도움이 되지 않는 상황도 있지 않은가? 상황이 있다면 어떤 것인가?
- 그렇게 생각하는 것이 어떤 상황에서 자신에게 불리한가?

질문에 답해 보았는가? 이제 당신이 선택했던 가치관이 어떻게 보이는가? 전과 다름없이 여전히 당신의 가치관을 확신하는가? 여전히 90퍼센트 이상 확신하는가? 80퍼센트 아니면 그 이하인가?

물론 우리의 모든 가치관과 사고 유형을 버려야 한다는 의미는 아니다. 이런 연습을 통해 보다 많은 유연성을 습득하고 배우는 것이 목표이다.

이익이 되고 발전을 도와주는 가치관도 있지만, 그렇지 않은 가치관들도 있다. 발전을 도와주지 않는 가치관들은 우리의 행동력을 저해하고 가로막는다. 그동안 가졌던 가치관, 사고 모델, 세계상을 부정하게 되면 불안함을 느끼게 된다. 하지만 장기적으로 보면 자신을 더욱 강하게 만드는 데 일조한다. 사고할 때, 가치 평가와 결정을 내릴 때, 구체적인 행동을 할 때 더 강한 독립성과 유연성을 가질 수 있기 때문이다.

사람은 하겠다고 생각하는 것만 할 수 있다. 생각할 수 없는 것은 실천에 옮기지 못한다. 더 많은 대안을 생각할수록 선택의 폭은 넓어진다. 자신에게, 자신에게 문제가 되는 사람들에게도 어떤 방법이 가장 도움이 되는지 따져 볼 수 있다. 도움이 되는 가치관은 우리에게 영감을 불어넣어 주고, 행동반경의 폭을 넓혀 준다.

반대로 처음부터 사고의 한계를 정하고 보통 적용하는 한 가지 방식으로만 상황을 해석하면 어떻게 될까? 늘 그런 식으로 생각한 결과 항상 막다른 골목에 부딪혀 해결책을 찾지 못했다면 어떻게 해야 될까. 그럼에도 아무런 변화도 취하지 않는다면 참신하고 만족스러운 결과를 가져다줄 가능성은 사전에 차단될 것이다. 다시 말해 늘 해 오던 사고 패턴에 갇혀 있어야만 한다.

외모, 능력, 타인과의 관계, 사고 능력 등에 관한 자신의 잘못된 믿음은 스스로를 내적으로 마비시킨다. 결국에는 건강까지도 해치게 된다.

가치관 변화시키기

여러 가지 가치관들이 적힌 목록을 다시 한 번 살펴보자. 어떤 가치관이 자신의 생각과 행동에 큰 영향을 미치는지 생각해 보라. 이미 비슷한 경험이 있으면 해당 가치관을 고르고, 추측만 되는 경우에도 그런 가치관이 무엇인지 대답해 보자. 그다음 아래 질문에 각각 답해 보자.

- 그 가치관은 자신에게 도움이 되는가? 그것을 간직하고 있는 것이 좋은가?
- 그 가치관은 오히려 자신에게 방해가 되는가? 그것으로 인해 기분이 불쾌하고 용기를 잃게 되는가? 다른 사람들에게 어떤 행동을 하고 나중에 후회하게 되는가?
- '특별한 경우'에만 기능하거나 예외적인 경우들을 위한 가치관이 있는가? 그 가치관은 특별한 경우 유용하며 실제로 도움이 되는가? 그 가치관은 그때만 사용되는가?

페트라와 로베르트는 자신들에게 여러 가지로 장애가 되는 가치관을 발견했다.

페트라는 '나는 자격이 없어'와 같은 성장을 저해하는 생각을 가지고 있었다. 이 믿음은 지금까지 그녀가 특정한 일에는 지원조차 하지 못하게 했으며, 그 일을 맡은 사람들을 질투하는 결과를 가져왔다.

로베르트는 '모든 사람은 이기적이다'라는 가치관을 가지고 있었다. 그 덕분인지 문제에 잘 대응할 수 있었다. 힘든 일에도 별로 용기를 잃지 않았다. 대신 로베르트는 이기주의자이며 협동심이 없다는 평판을 들어야 했다. 그래서인지 자신이 가진 엄청난 전문 지식에도 불구하고 흥미로운 프로젝트에 끼지 못했다. 그는 속이 많이 상했고, 특히 프로젝트에 뽑힌 사람들에게 화가 났다.

페트라와 로베르트는 이제 자신들의 가치관을 바꾸려고 한다. 자신들이 가진 생각들이 얼마나 장애가 되는지 깨달았기 때문이다. 하나의 가치관을 변화시키기 위해서는 보편타당성에 회의를 품게 하는 반증 사례들을 찾아내야 한다. 다른 태도, 의견, 사고 모델 역시 자신만큼이나 옳음을 받아들여야 한다. 지금까지와는 다르게 사고하기가 가능하다고 여겨야만 다른 대안을 찾는 데 진정으로 착수할 수 있다.

맞는 방법 찾기

- '가치관 변화시키기' 연습에서 당신이 장애가 된다고 분류했던 가치관을 하나 골라 보자. 이제 그 가치관을 대신할 다른 가치관들을 표현해 보자. 그중에서 가장 마음에 와 닿고 잘 '맞는' 표현을 골라 보자. 그런 뒤 새로운 가치관과 옛날 가치관을 교대로 살펴

보자.

- '감정 테스트'를 해보자. 두 가지 가치관을 차례차례 생각해 보면 어느 가치관이 더 편안하게 느껴지는가? 어느 가치관이 신체적으로도 더 나은 느낌을 주는가? 예전의 가치관을 계속해서 고수할지, 새로운 가치관을 갖고 싶은지 결정해 보자.

페트라는 '나는 자격이 없다'라는 믿음 대신 '나는 자격이 된다', '나는 잘한다', '싸우지 않는 사람은 이미 진 사람이다', '내가 원하면 나는 할 수 있다' 등의 대체 문구들을 찾았다. 그녀의 마음에 가장 와 닿은 문구는 '나는 내가 생각하는 것보다 더 낫다'라는 표현이었다.

다른 문장들보다 '더 나은' 문장 같은 것은 없다. 중요한 점은 새로운 문장이 사실로 느껴져야 한다는 것이다. 우리가 이해할 필요 없는 방식으로 말이다. 이전의 믿음이 우리에게 사실로 느껴졌듯이 그냥 '사실'로 느껴지는 문장이어야 한다. 너무 대담하거나 추상적이어서 마음이 거부하는 문장은 아무런 소용이 없다. 현실과 동떨어지거나 다른 믿음들과 충돌하기 때문에 맞지 않는 문장도 마찬가지다. 차라리 대체 표현을 찾는 숙제를 미루고 하룻밤 자고 일어나 다른 표현을 찾아보는 편이 좋다.

자신과의 대화 속에서 우리가 어떤 믿음을 갖고 있는지 발견할 수 있다. 사실 우리는 다른 사람들과 이야기하기보다 자신과 훨씬 자주 대화한다. 끊임없이 자신과 생각을 교환한다. 이런 내적인 대화는 매우 중요하다. 주어진 상황을 이해하고 처리하는 데 도움을 준다. 자신과 대화할 때는 인식한 것, 자신, 사고, 감정, 행위에 대해 계속해서 내리는 결론, 평가, 판단을 내려놓는다.

　자신과의 대화를 통해 자존감과 가치관들도 나타난다. 어떻게 이야기를 나누느냐에 따라 자신을 강화시키기도, 약화시키기도 한다. 격려하며 칭찬하고 위로해 용기를 북돋아 줄 수도 있지만, 비난하고 처벌하며 압박을 가하거나 단죄할 수도 있다. 무시하고 가치를 깎아내릴 수도 있다. 자주 자신을 비난하며 부족함과 나태함을 놓고 고민하는 사람은 육체적으로나 정신적으로 스스로를 약하게 만든다. 반대로 자신을 상냥하게 대하고 격려하는 사람은 내적 안정성을 얻어 밖에서 일어나는 일로 쉽게 심란해지지 않는다.

　자신을 있는 그대로 괜찮은 사람이라고 생각하면 모든 것이 생각처럼 잘되지 않아도 크게 동요하지 않는다. 한두 가지 실수를 해 자신의 기대치에 미치지 못한다고 하더라도 내적으로 흔들림이 없다. 완벽한 자신만 받아들인다고 생각할 때보다 훨씬 더 강한 자아를 갖게 된다.

　자기와의 대화에 대해 좀 더 알아보면 여러 면에서 이익이 된다. 자기와의 대화를 잘하면 부정적 판단으로 의기소침해지는 대신 스스로를 북돋아 주게 된다.

생각할 거리

당신이 하는 자신과의 대화는 어떤 모습인가? 자신의 감정, 사고, 행동을 평가하는 동안 사용하는 대표적 문장들을 몇 가지 생각해 보고 적어 보자. 다음의 경우에 당신은 자신에게 어떤 말을 하는가?

- 어떤 일에 성공 했을 때
- 실수했을 때
- 다른 사람이 당신보다 잘하고, 아름답고, 똑똑하다고 느낄 때
- 다른 사람이 당신을 속이고 이득을 취했을 때
- 거울 속 당신의 모습이 마음에 들지 않을 때
- 중요한 목표를 실현하지 못하고 후퇴해야 할 때

대표적인 문장들을 적으며 각각의 상황과 동일한 상황에 처한 사람이 당신 앞에 있다고 가정해 보자. 그 사람은 당신과 내면적으로 가깝다. 당신이 아끼고 좋아하는 사람이다. 이제 다음 질문에 답해 보자

- 나는 똑같은 말을 그 사람에게 하겠는가?
- 그 사람에게 똑같은 식으로 표현하겠는가? 아니라면 마음으로 소중히 여기는 그 사람에게 어떻게 말할지 적어 보자.

이제 두 가지 대답을 서로 비교해 보자. 다른 사람에게 말하는 문장이 더 친절하고 용기를 북돋우며 애정이 담겨 있는가? 그렇다면 자신을 대할 때에도 지금까지 썼던 표현들 대신 이 표현을 사용하면 어떨까.

자신을 소중히 하며 상냥한 내적 대화를 나누면 긴장과 압박감을 덜게 된다. 불필요한 에너지 소비가 줄어든다. 안정감과 평안함을 많이 느끼게 된다. 그러면 보다 현실적인 문제를 위한 해결책을 찾고 실천하는 데 집중하기 쉬워진다.

저항 현상은 정상이다

삶의 장애가 되는 믿음들을 버리고, 그 자리에 우리에게 도움이 되는 낙관적 믿음을 세우는 것은 쉬운 일이 아니다. 가치관은 원하면 바로 갈아입는 외투가 아니다. 삶의 방향을 결정하는 것 중 하나이며, 지금까지 자신이 어디로 가야 할지를 분명한 목소리로 가르쳐 주었던 내면의 나침반이다. 수년 내지는 수십 년 동안 자기 세계상의 일부를 이루었던 믿음들이 앞으로 있을 변화에 반발하며 들고 일어나는 것은 당연하다. 이제 우리는 다음을 염두에 두어야 한다.

- 새로운 시각을 실험하게 될 때 불쾌하게 느껴질 수 있다.
- 무엇인가를 바꾸는 것이 가능한 일일까 의구심이 들 수 있다.
- 갑자기 '도대체 나는 왜 그런 것을 해야 하는가?', '그것은 무엇에 좋은가?'라는 의미에 관한 질문이 나타난다.
- '가족, 친구, 이웃, 동료들은 나를 어떻게 생각할까?', '혹시 내 시각이 바뀌었다는 것을 못 믿지는 않을까?'라는 우려가 들 수 있다. 그 외에도 여러 가지 우려들이 많이 생길 수 있다.

저항 현상은 너무나 당연하다. 저항 현상이 없으면 오히려 이상하다. 사고를 전환하고 새롭게 시도하는 일이 지금까지의 믿음을 '뿌리 뽑고' 다르게 생각하는 것이 아님을 인식하면 문제는 쉬워진다. 재미 삼아 새로운 시각에 대해 배우고, 어떤 믿음이 이전에 자신이 가졌던 믿음보다 도움이 되는지 발견하는 것이 중요하다. 그러면서 옛날 가치관을 고수할지, 아니면 새로운 가치관으로 바꿀지를 결정한다.

자신에게 장애가 되는 가치관이 다시 나타나면 반대로 생각해 보자. 제3의 시각으로 문제를 다시 바라보자. 그런 후에는 제4의 시각으로 문제를 바라보자. 놀이라고 생각하며 하다 보면 계속 따라가도 좋겠다 싶은 한 가지 시각을 얻게 된다.

03
롤 모델에서 배우기

다른 사람이 가진 것이 자신에게 정말 의미가 있어서 진심으로 얻고자 한다면 질투가 추동력이 된다. 다른 사람들의 특정 전략과 행동 방식을 보고 배움으로써 자신의 한계를 뛰어넘도록 하기 때문이다. 질투는 우리 몸에 배인 사고와 행동 습관을 돌아보게 한다. 부러워하는 사람들의 전략이 지금까지 우리가 사용했던 전략들보다 성공적이라고 생각된다.

질투심은 잠자고 있던 능력을 깨우는 좋은 기회가 된다. 누군가 성취에 도달하려고 애쓴다면 우리 안에도 같은 자질과 재능이 있는데 다만 사용하지 않았음을 알게 된다. 질투는 우리에게 발전 가능성이 있음을 인식시킨다. 목표를 가지고 보다 많은 것을 배워서 능력을 성장시키도록 돕는다.

질투하는 사람과 같은 프로젝트를 맡으면 이런 점들이 분명하게 이해된다. 우리는 그 사람이 자신의 목표를 달성하기 위해 어떤 능력과 전략을 사용하는지 잘 관찰할 수 있다. 그의 가치관들을 알게 되기 때문이다. 질투의 감정을 옆으로 밀어 놓고 자세히 들여다보자. 우리가 해보려고 용기 내지 못했던 것이나, 지금까지는 생각할 수 없었던 것을 그 사람은 어떻게 하는가. 잘 관찰하면 도움을 얻는다. 공동으로 일할 기회가 없으면 관찰을 통해 다른 사람이 어떤 가치관을 가지고 있을지 추정해 본다.

추정하기

동료, 친구, 지인, 롤 모델 중 누가 당신이 도달했으면 하는 지점에 다다랐는지 생각해 보고 다음 질문에 답해 보자.

- 그 사람은 자기 자신과 주어진 상황에 대해 어떤 시각을 가지고 있을까?
- 그 사람은 어떤 시각을 가지고 있지 않을까?
- 도달하려는 목표와 관련해서 당신의 평소 시각을 관찰해 보라. 그 중에 바꾸고 싶은 것이 있는가?

에릭은 관찰을 통해 다음을 추정했다. 그의 이웃은 자신과는 달리 시간을 배분해 쓰고 있었다. 성취하려는 것에 대해 분명한 이미지를 가진 듯 보였다. 그는 '나는 내가 무엇을 원하는지 알고 있어', '나는 할 수 있어'와 같은 생각을 가진 것 같았다. 그가 온실 베란다나 휴가용 별장을 장만한 이유는 다른 사람에게 보이기 위함이 아니었다. 자신에게 휴식과 편안함을 주기 위해서였다. 그것을 위해 그는 열심히 일했다. 오랜 기간 동안 다른 물건을 구입하거나 경비가 많이 드는 휴가를 포기했다.

부러워하는 사람과 가까운 사이라면 직접 찾아가 성공 전략을 물어볼 수도 있다.

"당신이 이룬 것에 감탄했다. 정말 대단하다고 생각한다. 당신은 어떻게 해냈는가?"

이제 그가 성취한 것에 도달하기 위해 자신은 무엇을 할지 생각해 보자. '그는 무엇을 했으며, 무엇을 하지 않았는가', '그는 어떤 대가를 치렀는가', '그는 정확히 어떻게 했는가', '그중에서 나는 무엇을 똑같이 할 수 있는가'. 그러다 보면 상대는 우리의 모범이 되고, 질투심은 도전 정신으로 변한다.

> ## 생각할 거리

당신이 다른 사람의 무엇을 부러워하며 갖기를 원하는지, 달성하기 위해 어떻게 해야 하는지 안다면 다음 질문에 답해 보자.

- 당신은 그 사람과 그의 성취에서 특별한 점이 있다고 보는가?
- 목표에 도달하는 방법이 자신에게도 가능하다고 생각하는가? 아니면 자신에게 더 알맞은 다른 방법을 찾아야 할까?
- 당신이 부러워하는 사람과 비견되는 노력, 희생, 같은 성과를 낼 준비가 되어 있는가? 똑같이 많은 시간과 수고를 투자할 준비가 되었는가?

에릭은 이웃처럼 노력할 준비가 되어 있지 않음을 깨달았다. 그 뒤로는 질투심이 눈에 띄게 줄어들었다. 자신의 동기와 능력에 대해 반성하게 된 것이다.

페트라는 그녀가 부러워하는 동료처럼 프리랜서로 성공하기 위해 시간과 노력을 투자하기로 마음먹었다. 그녀는 직업상 필요한 교육을 하나씩 보충하기로 했다. 전자 정보 처리 분야를 공부하기로 했다. 동료가 전문 지식이 풍부해 많은 시간과 노력을 절약한다는 사실을 알았기 때문이다. 나아가 잠재적 고객들에게는 혁신적 디자인의 이미지를 심어 주기 위해 공식 일정을 더욱 강화하기로 했다. 그녀는 더 이상 동료와 친구 관계는 아니지만 좋은 관계를 유지하고 있다.

우울과 적대감에 찌든 질투심을 감탄형 질투심으로 변화시킬 때 무조건 다른 사람을 높이 떠받드는 것은 도움이 되지 않는다. 우리가 다른 사람들에게서 매혹적이라고 느꼈던 점을 자기 안에서 찾아내는 것이 중요하다. 그의 현재 모습, 가진 것, 능력이 우리 안의 무엇인가를 자극했기 때문에 부러워한 것이다. 그것은 자신의 소망 및 갈망과 연결되어 있다. 이 점이 매우 중요하다.

롤 모델과 역할 놀이

우리는 의식적으로든 무의식적으로든 장점이라고 생각하는 것들을 체현하는 대상을 따라가려고 한다. 이미 어린아이였을 때부터 상상을 현실화하기 위한 복합적 전략을 모방한다. 단순히 구체적 개별 행동만 따라 하는 것이 아니다. 아이들이 자기가 상상한 역할에 몰입해 '마치 그것인 양 행동'하는 모습을 보면 알 수 있다. 아이들은 엄마나 아빠, 배트맨이나 인어공주, 해리 포터가 되어 자기만의 상상 속에서 똑같이 행동한다. 놀이를 통해 자신의 능력을 시험하는 것이다. 다양한 역할을 해봄으로써 자기 성격의 다양한 측면들을 탐색한다.

영화나 연극도 마찬가지다. 잘 몰입해서 설득력 있게 역할을 표현해야 한다. 자기가 표현하려는 사람이 된 듯 몰입하기란 모든 배우에게 쉽지 않은 과제이다. 자신이 맡은 역할과 비슷한 특성을 갖지 않았다면 아마 할 수 없을 것이다.

이것이 질투에 대처하는 우리의 태도, 일상생활과 관계해서 뜻하는 바가 무엇일까. 핵심은 '똑같이 느끼기'이다. 자신이 성공하고 싶은 분야에서 이미 성공을 거둔 사람을 따라가면 어떻게 될까. 그의 생각과 믿음이 무엇인지 상상하고 똑같이 느낀다면 어떨까. 어떻게 성공을 거두었는지, 무엇을 언제 했고 안 했는지 안다면 어떨까. 분명 우리가 무엇을 해야 하는지를 생각하는 데 도움이 된다. 원하는 목표가 자신에게 무척이나 의미 있으며, 목표에 따르는 수고 역시 기꺼이 감수한다는 전제하에 말이다.

창의력으로서의 역할 놀이

누군가 우리보다 무엇인가를 잘한다면, 보다 말을 잘 표현한다면, 보다 나은 지위를 가졌다면, 보다 많은 소유물을 가지고 있다면, 질투심과 관계된 무엇을 누군가가 가지고 있다면, 이제 자신을 위해 기꺼이 그를 인정해 주자. '좋아, 그렇군. 인정해'라고 말할 수 있다면 질투를 하는 대신 자신이 어떻게 그와 같은 위치에 다다를지 생각할 수 있게 된다. 그만큼 내적으로 자유로워진다.

롤 모델에서 배우기 위한 전제 조건으로는 시기가 아닌 감탄이 필요하다. 다른 사람이 나보다 잘하는 것을 감탄하는 자세이다. 감탄의 이유는 그 사람이 나보다 잘났기 때문이 아니다. 그가 앞서 있다는 사실에 대해 평온한 마음을 잃지 않기 위해서이다. 자신의 가치에 의구심을 갖거나, 부러워하는 사람에게 적대적 감정을 느끼는 한 자신의 가능성도 부정적인 시각으로 바라보게 된다. 질투심에서 해방된다면 자신의 재능과 능력에 대해서도 넓은 시야를 얻게 된다.

그런 것처럼 행동하기

당신이 부러워하는 사람의 머릿속으로 침투해 들어간다고 상상해 보자.

- 먼저 당신의 질투를 불러일으키는 대상의 특징을 생각해 보자. 그 사람은 어떻게 행동하는가? 당신은 그의 어떤 점을 닮고 싶은가?
- 특정 상황을 상상해 보자. 당신은 자신이 부러워하는 사람처럼 행동한다. 당신은 그에 필요한 모든 능력을 갖추고 있다. 당신이 서 있을 때, 앉아 있을 때, 걸어갈 때, 말할 때 어떻게 움직이는지 상

상해 보자. 부러워하는 사람이 된 당신이 어떻게 행동하는지 상상해 보자.

- 그 광경을 머릿속에 그려 보자. 지금까지 부러워했던 사람이 되면 어떤 행동을 하는지, 어떻게 움직이는지, 자신에게 무엇을 바라는지 관찰해 보자. 당신이 어떻게 움직이고 말하며, 어떤 태도를 취하는지 주의 깊게 보도록 하자.
- 머릿속에서 자아에 대한 뚜렷한 이미지를 얻었다면 곧바로 생각을 멈추고 눈을 뜨자, 연습 초기에 다른 사람을 따라 하기만 했어도 그 모습은 남의 것이 아니다. 당신의 본래 모습 중 하나로서 생명감을 주어 움직이게 했을 뿐이다.
- 머릿속에 그린 모습을 힘들이지 않고 상상하게 될 때까지, 특별한 장점들을 체감하기가 쉬워질 때까지 일주일 동안 매일 연습을 반복하자.
- 다음 단계이다. 머릿속에서 본 당신의 행동 방식을 실제 상황에서 실행해 보는 실험을 하고 결과를 메모하자.
- 바뀐 것이 있다면 정확히 무엇이 변했고, 이유는 무엇이라고 생각하는가?

'그런 것처럼 행동하기'가 효과를 내는 이유는 무엇일까. 우리는 머릿속에서 내적인 이미지를 만들어 낼 수 있으며, 시각화된 이미지를 '진짜'라고 착각하는 능력을 가졌기 때문이다. 이를 통해 우리는 지금까지 인식하지 못했던 자기 안의 잠재성을 발굴하게 된다. '그런 것처럼 행동하기'는 다른 상황에서도 적용이 가능하다. 공식적인 자리에 나가야 하거나 중요한 협상을 해야 할 때 자신의 잠재성을 일깨우고 강화시키는 좋은 방법이다.

질투하는 사람은 언젠가 죽지만 질투심은 결코 죽지 않는다.
- 장 밥티스트 몰리에르

Chapter 6

질투는 없애고
기쁨은 늘리고

01
당신은 행복하기 위해 무엇이 필요한가?

    질투는 자신과 자기 삶에 불만족스럽다는 표시이다. 질투를 그 자체로 이용하는 방법을 배운다면 삶의 기쁨을 위한 소중한 자극제가 된다. 질투는 우리에게 부족한 것이 무엇인지, 삶에서 달라졌으면 하고 바라는 것이 무엇인지 생각하도록 자극한다. 질투는 그럴 듯해 보이는 것 뒤에 숨은 진짜 모습을 발견하는 데 도움이 된다. 이미 지나가 버린 것, 가능성이 닫힌 것들과 화해하는 데도 도움이 된다.

    자신이 원했던 것을 실제로 실현한 사람들은 질투심의 희생자가 될 확률이 가장 적다. 자기 꿈과 열망 속에 사는 사람, 재능을 꽃피우고 다른 사람과의 교류에서 공감과 인정을 만끽하는 사람에게는 질투심이 거의 일어나지 않는다. 중요한 것은 우리가 삶에서 무엇을 행복이라고 여기는지이며, 그것에 도달하여 느끼는 삶에 대한 만족감이다.

자신의 삶을 바라보는 시각

자신의 삶으로 눈을 돌려 부족한 것이 무엇인지, 어떻게 채울지 자문해 보자. 다른 사람을 부러워하는 행위 이면에 숨어 있는 것은 무엇일까? 자신에게 정말 의미가 있어 꼭 바꿔야 하는 것은 무엇인가? 그냥 넘어갈 만한 부차적인 것들은 무엇인가?

생각할 거리

다음 열 가지 질문은 당신의 생각을 심화시켜 줄 것이다. 현재 당신에게 문제가 되는 질투심을 다시 한 번 살펴보고 다음 질문을 스스로에게 던져 보자.

- 당신은 삶의 어떤 면에 만족하는가?
- 그 이유는 무엇인가?

- 당신의 '이상적 자아'와 '현실의 자아'는 어떤 경우에 뚜렷한 차이를 보이는가?
- 당신이 결함이라고 생각하는 것들을 바꿀 가능성이 있는가?
- 당신에게 지장을 주는 것을 바꾸기 위해 수고할 준비가 되어 있는가?
- 가장 먼저 당신은 무엇이 바뀌기를 바라는가?
- 언제 시작할 것인가?
- 당신은 어떤 방법으로 현재 상태를 인정하고, 거기에 만족하려고 하는가?
- 당신이 변화시킬 수 없는 상황에서 긍정적인 면을 발견하도록 돕는 것은 무엇인가?
- 질투를 일으키는 원인에서 완전히, 또는 부분적으로 거리를 둘 가능성이 있는가?

 우리는 불만족스럽게 느끼는 모든 것을 바꾸지는 못한다. 물론 바꿀 수 있는 것들도 분명히 있다. 그중에는 빠른 시간 내에는 불가능하고 시간을 들여야만 가능한 것들이 있다. 우리가 되었으면 하고 바라는 모습과 현실은 거리가 있음을 앞에서 배웠다. 질투심으로 인한 괴로움을 극복하고자 한다면 있는 그대로의 상황에 만족하는 법을 배워야 한다. 아니라면 우리가 생각하는 것과 잘 맞아떨어지게끔 상황을 변화시켜야 한다. 그마저 아니면 상황에서 벗어나야 한다. 우리가 앞으로 가려는 길은 항상 이 세

가지 갈림길 중 하나이다.

- 사랑하라 : 우리가 어떤 상황을 변화시킬 수 없고, 원하지도 않는다면 있는 그대로 받아들여야 한다. 그 상황에 친숙해져야 한다. 주어진 상황을 변화시킬 수도, 벗어날 수도 없다면 방법은 하나다. 변할 수 없는 것을 받아들이고, 그것에서 최대의 것을 얻어 내는 것이다.
- 바꿔라 : 변화시킬 가능성이 보인다면 주어진 상황 전체나 일정 부분을 어떻게 개선할지 정확하게 분석해야 한다. 상황을 개선해 견디기 쉽도록 만들거나, 그마저 어렵다면 새로운 기회를 발견할 길을 찾아야 한다.
- 떠나라 : 주어진 상황을 받아들일 수 없거나 받아들이고 싶지 않다면 벗어나야 한다. 힘들고 받아들일 수 없으며, 견딜 수 없다고 판단되는 환경은 우리에게 좋지 않은 영향을 미친다. 연인과의 결별, 퇴직, 이사 등을 통해 새로운 길을 모색해야 한다.

직접 이런 현실에 처하면 혼란스럽기만 할 뿐 어떻게 해야 할지 분명하게 알기 힘들다. 변화될 수 없는 상황에 처했음에도 처지를 인지하지 못해 계속해서 부딪히며 싸우기를 반복하게 된다. 이때 우리는 대안을 알지 못한 채 주어진 상황을 받아들이지 못하고 소득 없는 싸움만 한다. 혹은 그 상황에 익숙해질 수도, 변화시킬 수도 없음을 알아챈다. 결국 상황을 피하는 것이 제일 낫다는 생각에 이르지만, 생각만 하고 실천에 옮기기를 계속해서 미룬다. 앞으로는 위의 방법들을 명심해 상황에 맞는 적절한 결정을 내리도록 하자.

질투 뒤에 숨어 있는 것

자신이 어디서 행복과 만족을 느끼는지 알면 다른 사람의 행복을 질투하는 일이 훨씬 줄어든다. 질투심과 그에 따른 심리적·신체적 현상들이 사고와 행동에 영향을 덜 미치도록 할 수 있다. 질투심에 휩싸일 일이 있다면 먼저 자신이 원하는 것이 무엇인지, 행복과 만족감을 주는 것이 무엇인지 스스로에게 물어보라. 행복이 물질적 소유나 직함, 특정 지위에 있는가? 아니면 다른 것에 있는가? 질투의 중요한 원인은 질투를 유발한 첫 번째 계기에 있지 않다. 대부분은 완전히 다른 곳에 있다.

브리기테의 동료로 트레이너 일을 하는 톰은 얼마 전 세미나에서 발표를 했다. 그는 형광펜으로 밑줄을 그어 만든 상투적인 자료 대신 인물 묘사 그림을 한 장씩 그리며 발표를 이끌었다. 듣는 사람들은 모두 매료되어 감탄과 박수를 보냈다. 브리기테는 톰에게 질투심을 느꼈지만, 다음의 내용을 생각하자 질투심이 사라졌다.

- 톰은 기술을 열심히 연습해서 익혔고, 지금도 스케치 능력을 향상시키기 위해 노력하고 있다.
- 나는 톰처럼 그림 그리기 연습에 많은 시간을 보낼 용의가 없다. 세미나에서 즉석 그림을 선보일 정도로 만화적 상상력을 발전시키고 싶은 마음이 들지 않는다.

그녀의 질투는 스케치 자체가 아니라 톰이 일에 매우 열정적이라는 점이다. 자신이 정말 좋아하고 많은 노력을 감수할 일을 발견했다는 사실이다. 질투 뒤에 숨어 있는 불만족은 자신의 삶에서 몰입할 일을 원한다는 것과 관계가 있다. 그녀가 톰을 부러워한 이유는 헌신과 절제를 발휘할 일을 찾지 못했기 때문이었다.

질투하는 상대의 열정과 나의 열정이 일치할 필요는 없다. 위의 경우도 마찬가지다. 톰의 열정은 그녀에게 하나의 메시지를 전달하는 것으로 충분하다. 내용은 아마 '당신의 재능과 능력도 어딘가에 잠들어 있을지 모른다'가 아닐까.

어쩌면 그것은 갈망

　모두가 똑같은 이상과 모범을 따를 필요는 없다. 질투 뒤에 잠자고 있는 것은 어떤 대상에 대한 내밀한 갈망일지 모른다. 우리는 현재 갈망이 향하는 대상이 무엇인지, 어디로 우리를 이끌지 모른다. 질투심은 갈망에 대해 많은 것을 발견하는 기회가 된다. 질투심에 괴로워하는 사람들은 자기 마음을 괴롭히는 것이 무엇인지 알지 못하는 경우가 대부분이다. 질투심을 잘 관찰하면 자신의 자존감, 욕구, 정의감, 야망에 대해 알게 되는 계기를 얻는다.

　질투심은 자신이 원하는 것만을 알려 주지 않는다. 자신과 다른 사람에게 거는 기대가 무엇인지도 가르쳐 준다. 그런 점에서 질투는 나침반과 비슷하다. 내부의 나침반은 자신의 기대를 거스르는 것이 무엇인지 보여 준다. 채워지지 않은 자신의 소망이 무엇과 관계하는지 분명히 보도록 도와준다.

───(생각할 거리)───

　부러워하는 것들 뒤에 무엇이 숨어 있는지 잘 생각해 보자. 156쪽 연습에서 답했던 내용을 참조하면서 다음 질문에 답해 보자.

- 질투를 일으키는 것이 정확히 무엇인가?
- 당신의 행복은 특정 대상의 획득, 성공, 지위, 특성, 생각으로 좌우되는가?
- 당신은 자신이 되고 싶어 하는 사람인가?
- 이상적인 삶을 사는 데 있어 부족한 것이 있는가? 정확히 어떤 것인가?
- 당신의 꿈은 무엇인가? 당신이 상상하는 대로 꿈을 실현하려면 어떤 대가를 치러야 하는가?
- 꿈꾸었던 것보다 조금 못해도 괜찮은가? 당신의 꿈과 비슷한 방향에 있어 보다 쉽게 실현할 만한 목표는 무엇인가?
- 현재의 삶보다 만족스러운 삶, 자신이 원하는 '나'를 실현할 삶을 살기 위해 당신이 할 수 있는 것은 무엇인가?

자기가 꼭 원하는 직업은 아니더라도, 비슷한 방향의 직업을 가진 사람은 질투심에 사로잡힐 확률이 훨씬 적다. 전혀 원하지 않는 일을 하는 사람이라면 월요일 아침부터 금요일 오후가 되었으면 좋겠다고 생각할 것이다. 이런 사람들은 질투심에 사로잡힐 확률이 훨씬 높다. 어찌 보면 당연한 이야기이다. 최상의 질투 예방법은 자신이 하는 활동에서 기쁨을 찾는 것이다. 직업에서 자신의 꿈을 실현하는 사람에게 지위나 월급은 그다지 중요한 역할을 하지 못한다.

자기가 하는 행동에서 의미를 찾는 사람은 행복하다고 느낀다. 만일 의미를 못 찾는다면 질투와 불만족에 사로잡힐 것이 아니라 어떻게 대응할지 생각해 보아야 한다. 주어진 업무에서 보다 많은 만족감을 얻을 직장으로 옮기는 것도 한 예이다. 이론상으로 보면 당연해 보이지만, 현실에서는 실행하기가 쉽지 않다. 스펙이 부족해서, 건강상의 문제로, 높은 연령으로, 목표로 하는 직업에 지원자가 많아서 등 다양한 이유가 있다.

진정한 욕구에 조금만 더 가까이

어떤 욕구가 있는지 알게 되었다면 사생활에서든 직장에서든 실현하는 방법은 여러 가지가 있다.

마야는 바이에른의 중소 도시에서 신소재학과 교수의 비서로 일한다. 그녀는 자신의 일을 좋아하고, 교수가 지시하는 일을 하는 것도 좋아한다. 원래 그녀는 학문의 길을 가고 싶어 했다. 어렸을 때부터 자신은 발견과 발명에 소질이 있다고 생각했다. 학교 성적도 자연 과학 계열에 진학할 정도는 되었다. 그러나 부모님의 생각은 달랐다. 그녀에게 진학 계획을 포기하라고 설득했다. 결국 그녀는 부모님의 뜻을 따랐다. 중학교 졸업 후 인문계에 진학하지 않고 전문계로 들어가 학업을 마쳤다.

마야는 지금 대학 교수의 비서로 일하고 있다. 상사로 모시는 교수와 동료에게 인정받아 기쁘게 생각한다. 하지만 그녀는 질투를 한다. 학계에 종사하며 자신의 연구 결과를 사람들 앞에서 자랑스럽게 발표하여 칭찬과 박수를 받는 모든 사람을 질투한다. 그럼에도 그녀에게는 대학 입학 자격시험을 준비해 대학에 진학하고 싶은 마음은 들지 않는다. 학업을 시작하면 펼쳐질 가시밭길과 학비 문제 때문이다. 거기에 남편과 두 명의 아이들은 어떻게 해야 할지 걱정이 앞선다.

마야는 자신을 유혹한 것이 '눈부심'임을 알게 되었다. 한 가지 일에 몰두해서 무엇을 발견하고, 그 발견을 토대로 다른 사람들 앞에 서는 일 말이다. 그런 일은 어린 그녀의 가슴을 설레게 했었다. 그녀에게 '눈부심'은 키워드가 되었다. 사람들이 알아보기, 쳐다봐 주기, 관심의 초점에 서기 등을 생각하면 커다란 내적 만족감이 든다. 지금까지는 욕구가 감지되지 못하고 안에서 잠들어 있었지만, 질투심 때문에 기지개를 피며 잠에서 깨어났다. 이제 그 욕구는 현실로 나오고 싶어 요동칠 것이다. 어떻게 실현할 수 있을까.

그녀는 눈부심이라는 이미지에서 '무대'를 떠올렸다. 그러다 초보자를 위해 마련된 극단에 지원하기로 결심했다. 단역으로 처음 무대에 서자 자신에게 새로운 지평이 열렸음을 깨달았다. 그녀는 맡은 배역을 연구하고 고민해서 표현하는 일에 깊은 만족감을 느꼈다. 자연 과학에서 연극이라니, 그녀는 자신이 미쳤다고 생각했다. 논리적으로는 납득하기 어려웠지만, 실제로 해보니 자신에게 딱 들어맞는 계획이었다.

연극을 시작한 뒤로부터는 평화로워졌고 질투심도 덜 느꼈다. 자신의 중요한 욕구를 표현할 방법을 찾은 것이다. 단역에서 점차 큰 역으로, 그러다 보면 부업으로 시작한 일에 쏟은 열정이 언젠가 엄청난 재산이 될지 누가 알겠는가.

마야의 사례는 자신의 욕구를 인식하고 실현 방법을 실천에 옮긴 경우이다. 그 외에 다른 방법도 많다. 직장 내에서 찾을 수도, 밖에서 찾을 수도 있다. 우리에게 정말 의미 있는 것, 활기 있고 창조적이며 즐거운 기분이 드는 것을 찾는다면 질투심은 햇빛에 눈 녹듯 사라질 것이다.

창조적인 삶을 위한 새로운 관점

지금까지는 자신에게 맞지 않는 삶을 계획하도록 부모에게서 압박받으며 살았을 수도 있다. 어떤 일이 자기에게 기쁨을 주는지 진지하게 생각해 보지 않고 우연의 결정에 맡긴 채 살았을지도 모른다. 충분히 그럴 수 있다. 그렇다고 인생이 끝난 것은 아니다. 지금도 자기 행복을 발견하기에 결코 늦지 않았다. 나는 40살이 넘어서 지금의 이 일을 찾았다. 꿈을 실현하기 위해 적지 않은 시간을 보냈다. 지금 나는 그때의 선택으로 행복을 느끼지만, 결정할 당시만 해도 감수해야 할 위험이 너무나 많았다.

지금까지 좇았던 목표가 자신에게 정말 중요한지, 행복과 만족을 위해 다른 가능성을 찾아야 하는지는 자신에게 물어야 한다. 자신의 가능성을 알고 실천하는 사람이 삶의 만족도를 높이는 기회를 얻는다. 질투는 지금 자기가 가진 창조적 잠재성을 활용하지 못하고 있으며, 정말 하고 싶은 일을 하고 있지 않다는 신호인 경우가 많다. 그 능력이 먹고살기 위한 일과 병립할 수 있는가는 중요하지 않다. 창조력은 자신만의 고유함을 만든다. 내적 능력의 원천을 끓어오르게 하면 우리의 삶은 기쁨과 자신감으로 용솟음치게 된다.

생각할 거리

춤, 글쓰기, 그림 그리기, 만들기, 음악, 연극 창조적인 행동을 자주 해 보자. '다른 사람보다 더 잘할까', '난 할 수 없어'라는 생각이나 변명은 버리고 말이다. 경쟁이 아니라 어떤 형태로 자신을 표현해야 할지, 어떤 것에서 재미를 느끼며 독창성을 드러내는지 보자. 그러면서 자신이 어떤 분야에서 창조의 기쁨을 느끼는지 알아보자.

- 자신이 창조적인 분야는 무엇이라고 생각하는가?

- 그와 관련해서 떠오르는 이전의 경험이 있는가?
- 첫 번째로 무엇을, 언제, 어떻게 해볼 것인가?

　창조적인 시간을 보내며 느끼는 만족감은 질투의 감정을 낮춰 준다. 부러움의 대상이 느꼈을 것이라고 추측했던 감정은 당신을 기분 좋게 한다. 그런 기분을 스스로 느낄 수 있다면 다른 사람에게 질투를 느낄 일이 훨씬 적어진다. 마음이 편하고 하는 일이 순조로운데 무엇을 질투하겠는가.

언제 멈춰야 하는지 알기

　자주 질투를 느끼고 다른 사람이 가진 것을 갖기 위해 갖은 애를쓰는 사람은 자신의 욕구에는 눈이 어둡다. 원하는 것을 쫓아다니면 욕구가 만족되고 결핍이 사라져야 하는데, 오히려 반대라니 모순처럼 들린다. 질투심이 강한 사람은 언제 그만두어야 하는지 모르는 경우가 많다. 그는 이제 됐다고 말할 줄 모른다. 계속해서 '더' 해야 한다고 조바심을 낸다. 보다 많은 행복과 만족감을 얻기 위해 '더' 나아가려고만 하지, 자족하는 상태를 알지 못한다.

　원하면 원할수록 더 원하게 되는 악순환에 갇힌 사람은 행복해지려면 계속 더 많은 것이 있어야 한다고 믿는다. 이런 사람들은 자신의 가치를 인정하는 능력이 부족하다. 자기 삶에서 기쁨을 느끼며 즐기는 능력이 부족한 사람들이다. 더 많이 노력하고 부를 축적한다고 행복해지는 것이 아니다. 이제 됐다고 할 시점을 발견하지 못하는 사람은 자신의 성취를 즐기지 못한다.

질투에 사로잡혀 자신이 갖지 못한 것을 가진 사람에게서 눈을 떼지 못하는 사람은 사회적 위신의 희생자가 될 수 있다. 삶의 행복을 사회적 지위나 부의 정도와 동격으로 두는 사람은 사람들의 인정에 맞춰 살아간다. 그것들이 정말 행복과 만족을 주는지는 한번 의심해 봐야 한다. 무엇을 이룬 뒤에도 가져야 할 것이 눈앞에 어른거려 현재의 성취를 즐기지 못하고 새로운 목표를 좇기만 한다면 무슨 소용인가. 다른 사람과 보조를 맞추기 위해, 상상 속의 그림을 그리기 위해 계속해서 자신에게 채찍질을 가해야겠는가.

우리는 종종 자신이 가진 것이 무엇인지 잊어버린다. 당연하게 여긴다. 우리는 전체를 봐야 한다. 자신에게 무엇이 없는지만 보지 말고 이미 가진 것, 행복과 만족을 주는 것이 무엇인지를 봐야 한다. 그중에 앞으로 더욱 발전할 것들이 있을지도 모른다.

> 생각할 거리

다음의 질문을 스스로에게 해보고 답을 적어 보자.

- 당신의 삶에서 잘되고 있는 것은 무엇인가? 어떤 관점에서 그것에 만족 내지는 기쁨을 느끼는가?
- 당신은 무엇에 감사하는가?
- 당신은 어떤 사람들에게 편안함을 느끼는가? 어떤 사람들이 당신을 좋아하고 필요로 하며, 자신에게 맞는 방식으로 지지해 준다고 느끼는가?
- 당신은 어디에서 에너지를 잘 충전시키는가?
- 당신은 어떤 일을 하는 동안 시공간을 잊을 정도로 몰입하는가?
- 어디서 당신의 가치를 확인, 인정, 존중받는가?
- 돈을 벌지 못하더라도 충족감을 주고 행복하게 만들기 때문에 계속하고 싶은 일은 무엇인가?

삶에서 문제없이 잘되는 것이 무엇인지, 어떤 장점을 가졌는지, 무엇을 성취하고 극복했는지, 누구에게 잘 대해 주었는지, 아름다운 순간들이 얼마나 많았는지 등을 자주 떠올리면 사물을 보는 우리들의 시각이 바뀐다. 그렇게 되면 다른 사람이 가졌으니 자신도 꼭 가져야겠다는 생각이 훨씬 상대적으로 보인다. 자신의 만족감에 반드시 필요하지 않음을 알게 되었기 때문이다.

사회적 기준의 순응을 요구하는 압박은 개인의 사고와 행동의 자유를 제한한다. 다른 사람과 보조를 맞추기 위해 어떤 대가라도 마다하지 않는 사람이 있다. 그보다는 자신에게 중요한 것이 무엇인지, 무엇이 자신을 충족시키고 행복하게 하는지 아는 것이 훨씬 중요하다. 지금보다 자주 아름다운 것에 눈을 돌린다면 어떨까. 자신이 원하는 대로 일이 잘되지 않아도 그렇게 한다면 부담되는 일도 여유를 가지고 보게 될 것이다. 나쁜 일만 골똘히 생각할 때보다 훨씬 여유를 갖게 된다.

생각할 거리

당신의 현재 모습, 능력, 소유물, 다른 사람들이 주었던 이로움의 가치를 지금보다 많이 긍정하라. 세상에 당연한 것은 없다.

감사하는 능력을 기르기 위해 작은 실험을 해 보자. 고마워해야 하는 이유 다섯 가지를 손가락으로 꼽는다. 매일 아침저녁 다른 이유를 꼽아야 한다. 감사해야 할 작은 일들을 떠올리면서 감사함을 느끼끼가 얼마나 중요한 일인지 생각해 보자. 3주에서 4주 동안 매일 새로운 이유를 찾았다면 당신은 대상을 바라보는 시각이 어느 정도 바뀌었음을 깨닫게 될 것이다. 질투의 감정 역시 줄어들었음을 느낄 것이다.

삶의 행복이 월급 인상, 복권 당첨, 승진과 같은 외부적 요인에서 온다고 생각하는 사람은 다른 사람의 기준이나 우연에 좌우된다. 반대로 행복과 만족의 증대를 위해 자신에게 맞는 방법이 무엇인지 찾는 사람은 행복의 원천이 어디에 있는지 잘 아는 사람이다.

02
질투심 극복을 위한 열쇠 : 자기 인정

　만족스럽고 행복한 삶을 살기 위한 중요한 전제는 자신의 모습을 받아들이고 가치를 존중하는 것이다. 자신의 현재 모습, 모난 모습과 부족한 점을 있는 그대로 받아들이면 질투를 덜 느낀다. 자신감과 신뢰감도 높아진다.
　자존감은 자신을 어떻게 생각하는지, 능력·강점·약점을 포함한 모든 면에서 어떻게 보고 평가하는지에 좌우된다. 자존감은 자신이 누구인지 알고, 그것에서 자아상을 만드는 생각에 기초해 있다. 자신에 대한 사고방식을 바꾸면 자아상과 자존감도 바뀐다.

자아상 바꾸기

자아상은 자신에게 갖는 믿음과 사고 유형에서 생성된다. '이상적'이든 '현실적'이든 말이다. 이름, 나이, 직업, 자격증 등과 같은 객관적 사실뿐만 아니라 외모, 몸가짐에 대한 생각, 사회적 지위, 장점과 단점, 소원, 가치, 목표에 대한 생각, 지난 경험을 평가하는 방식, 자신의 처지를 바라보는 시각들을 모두 포함한다. 다음은 믿음과 사고 유형의 바탕을 이루는 것들이다.

- 자신을 보는 방식과 욕구, 장단점에 대응하는 방식
- 주위 사람들의 인정과 비판, 가치 평가를 해석하는 방식
- 다른 사람과 비교할 때 스스로를 어떻게 평가하며, 이때 마음속으로 드는 감정

자존감은 여러 단면들로 이루어지며, 자기 이해와 자신감에 매우 중요한 영향을 미친다. 자신이 인정받고 존중받는다고 생각할수록 자존감은 올라간다. 자신의 가치에 대한 확신이 크면 클수록 더 많은 용기를 낼 수 있다. 후퇴해야 하거나, 패배를 맛보거나, 어려운 시기를 지나더라도 잘 대처한다.

자신감은 삶의 태도와 방식, 도전 의식과 이것을 실천하는 방식에 따라 커지거나 작아진다. 자신감은 다음의 방법을 통해 자

기 신뢰에 대한 확인을 반복하면 강해진다.

- 자기 가치를 존중하기. 자신의 욕구, 소망, 목표를 진지한 것으로 받아들이기
- 자신에 대해 솔직하기. 자기와 한 약속 지키기 결심, 계획 등
- 자신이 능력 있는 사람임을 잊지 말기, 자신의 크고 작은 성공을 칭찬하기

자존감의 기본 특징은 초기 유년 시절로 거슬러 올라간다4장 참조. 어린아이는 자신의 경험을 다른 사람들의 견해나 가치 평가와 연결시켜서 자기만의 결론으로 이끌어 낼 수 없다. 자신뿐 아니라 자기의 사고, 행위에 대해 다른 사람들이 느끼는 것을 그대로 수용하며, 왜 그런지 묻지 않는다. 자주 들었던 가치 평가와 조언들은 좋든 나쁘든 자기 이해의 구성 요소가 된다. 따라서 오늘날 자신에 대한 평가 중에는 현실과 별 상관이 없는 것도 있게 된다.

탄냐는 재능 있는 카피라이터이다. 그녀는 섬세한 언어 감각을 가졌다. 무엇인가를 글로 표현하고 요점을 집어내는 일을 쉽게 한다. 그녀는 동료들이 몇 시간씩 책상에 앉아 끙끙거리는 일을 30분만에 해치운다. 그녀는 자신의 능력을 기뻐하는 대신 자기 회의에 빠져 괴로워하고 있다. '아무리 일을 빨리 처리해도 소

용없어'라고 생각한다. 그러면서 오랫동안 문장 하나하나를 잡고 늘어지며 이리 고치고 저리 고친다. 그런 과정을 거치면 기발한 아이디어가 그저 그렇게 변해 버린다. 그러다 결국에는 애써 뜯어고친 문장이 아닌 처음의 아이디어를 제출한다. 그러면서 스스로도 의아해한다. 그녀는 자신과 달리 헤매지 않는 사람들을 부러워한다.

탄냐는 이미 어렸을 때부터 언어적 재능이 눈에 띄었지만 키우지 못했다. 오히려 발전에 방해를 받았다. 그녀는 '공상은 그만해라', '그런 것은 누구나 다 해'라는 말을 자주 들었다. 그 결과 '나는 정말 아무것도 못해'라는 생각이 그녀 안에 자리 잡았다. 결국 그녀는 상을 받을 때마다 자신을 사기꾼처럼 느끼게 되었다.

생각할 거리

다음 질문을 통해 유년 시절을 떠올려 보자. 그러면서 자기 자아상의 어두운 면에 원인이 될 만한 것이 무엇인지 추측해 보자.

- 어렸을 때 자신에 대해 어떤 말을 들었는가? 직접 들었던 말과 다른 사람이 한 말을 전해 들었던 경우 모두를 떠올려 보자.
- 같은 환경에서 성장했던 사람들은 당신이 실수를 하면 어떻게 반응

했는가? 반응이 여러 가지였다면 당신은 어떤 반응이 자신의 모습과 가장 가깝다고 생각했는가?
- 당신에 대한 학교생활 기록부의 평가는 어떠한가?
- 당시 형제자매나 친구에게서 자주 들었던 말은 무엇인가?
- 부모님이나 선생님들의 자존감에 대해서는 어떻게 평가하는가? 1점(매우 낮음)에서 10점(매우 높음)까지라면 각각 어떤 점수를 줄 것인가?
- 당신의 자존감에 대해서는 몇 점을 주겠는가?
- 자신에 대해 내린 평가 중 가장 현실적인 것과 과거 다른 사람의 평가에서 비롯된 것을 생각해 보자.
- 자신에 대해 갖는 상의 모든 측면들을 생각해 보자. 특히 부정적인 면들을 떠올려 보자. 당신의 믿음은 어디에서 오는가? 예를 들어 당신이 대중 앞에서 말할 수 없다는 것은 확실한가? 혹시 초등학교 때 지루한 발표로 반 친구들을 모두 졸게 만든 이후로 그런 믿음을 가진 것은 아닌가? 당신의 현재 모습이 당시의 모습과 같지 않다고 생각할 수 있는가?

우리의 자아상 중 어떤 부분은 탄냐처럼 낡아 버렸을지도 모른다. 대부분은 좋은 뜻에서든 나쁜 뜻에서든 다른 사람들이 했던 말에서 형성된다. 다른 사람들이 지나가며 했던 평가가 부지불식간에 현재 자기 자아상의 한 부분이 되었을 것이다.

지금 우리는 어렸을 때와 달리 자신에 대해 생각하고 정의하는 방식에서 주도권을 갖는다. 외부의 평가 중에서 어떤 것을 받아들이고 거부해야 하는지 안다. 성장을 방해하고 침울하게 만들었던 과거의 사고방식 중 어느 것을 희망의 신념으로 교체해야 하는지 결정할 수 있다. 하나의 인격으로서 우리의 가치는 다른 사람들의 말이나 과거 언젠가 들었던 말과는 무관하다.

성인인 우리는 자신이 누구인지 알기 위해 다른 사람의 설명을 들을 필요가 없다. 묻지도 따지지도 않고 받아들일 이유가 전혀 없다. 이렇게 하면 무엇이 좋을까? 다른 사람들은 자신과 똑같이 주관적으로 판단하고, 당연히 자기의 관심사에서 출발한다. 예를 들어 누군가 우리의 능력을 전혀 인정하지 않는다면 우리의 성공으로부터 위협감을 느껴서일지도 모른다. 자신을 지탱하는 것에 의문이 들어서일지도 모른다. 자신의 자아상을 지키기 위해 우리의 능력을 무시하거나 폄하해야만 했을지도 모른다. 그런 행동은 우리와는 상관없다. 일차적으로 그 사람의 자존감 문제이다.

보통 자기가 자신을 생각하듯 남들도 똑같이 생각할 것이라고 짐작한다. '역할 놀이'의 연습에서 했던 대답을 떠올려 보자. 실험을 통해 보다 자신감을 갖게 된다. 당신이 알고 있는 것과 할 수 있는 것을 표현하면 주변에서 어떻게 반응할지를 알게 된다.

자아상을 과거의 사고방식에서 해방시키려는 목적은 자신을 현실적이고 균형 잡힌 시각으로 보기 위함이다. 주어진 상황을 근본적으로 긍정하기 위함이다. 사람으로서는 실현할 수 없는 엄청나게 완벽한 자아상을 세우기 위해서가 아니다. 그러기 위해서는 장단점을 똑같이 현실적으로 보아야 하고, 단점으로 자신의 전체 가치를 깎아내리지 않아야 한다.

이것은 우울형 질투의 근본적 메커니즘이기도 하다. 자신에 대한 회의가 강할수록 경쟁 상황에서 보다 취약한 입장에 서게 된다. 그러면 토론이나 협상에서 질 확률도 높아진다. 그런 사람들은 스스로 자신의 가치를 깎아내리면서, 자신감과 설득력을 가지고 다가서는 사람들을 부러워한다.

자기만의 평가 기준 세우기

자신만의 평가 기준을 세운다는 뜻은 현재 자신의 모습이 좋고 중요하며 옳음을 의미한다. 과거 자신의 사고방식이나 다른 사람들로부터 수동적으로 받아들인 것과 맞지 않더라도 말이다. 그렇게 우리는 다른 사람의 기준으로 만들어 놓은 것을 곁눈질하는 대신 자신만의 욕구, 소망, 가치, 생각을 지향하게 된다.

우리 삶은 생각과 감정의 산물이다. 우리가 추구하는 모든 목표에는 생각과 감정이 있다. 생각은 이미지적 사고로 바뀌는데,

여기에는 느낌이 수반된다. 이때 우리가 자신을 대하는 방식, 어떤 내적 대화를 하는지가 큰 역할을 한다.

사람마다 자신을 대하는 방식은 다양하다. 이해심을 가지고 친절하고 긍정적인 태도로 자신과 대화하는 사람도 있다. 자신의 모습을 가식 없이 따뜻한 분위기 속에서 바라보는 사람이다. 자신을 비판적으로 바라보며 가치를 폄하해 사기를 떨어뜨리는 사람도 있다. 자신을 대하는 방식은 행위 결정에 영향을 끼친다. 우리가 자신의 기를 살려 줄 때 나타나는 장점에는 다음과 같은 것들이 있다.

- 자존감을 강화시킨다.
- 최고로 '자립적'이다. 다른 사람들의 생각에서 독립적이다.
- 스스로에게 잘 만족한다.
- 실수나 잘못을 저지르고, 체면을 구길 일이 있어도 자신을 쉽게 용서한다.
- 내면의 독립성이 높아져 자신을 비난할 때보다 훨씬 자신감 있게 보인다.

안정적인 자존감을 가진 사람은 질투심을 훨씬 덜 느낀다. 그들은 자신과 다른 사람을 비교할 필요를 느끼지 못한다. 누가 더 매력적이고, 돈이 많으며, 성공했는지 물을 필요도 없다.

(생각할 거리)

자존감을 위해 최소 한 가지라도 매일 의식적으로 성공 경험을 만들면 어떨까. 매일 최소 한 가지의 성공 경험이나, 자신이 자긍심을 느낄 만한 것을 해야겠다고 결심해 보자. 성공 경험이 정확히 어떤 것이라고 말하기는 어렵지만, 이를테면 다음과 같은 내용이다.

- 회사나 집에서 어떤 일을 처리한다. 오랫동안 미루어 두었던 일을 처리한다.
- 퇴근 후 30분 정도 몸을 움직여 일한다.
- 장기적으로 봐서 좋지 않은 영향의 유혹을 이겨 낸다.
- 힘든 대화에서 자신의 입장을 밝힌다.
- 경쟁자에게 질투심을 느끼면서도 긍정적인 감정을 느낀다.
- 자신의 실수를 잘못이라 비판하지 않고 교훈의 기회로 삼는다.

자아의 강화는 오래된 주제이다. 자아의 강화란 살면서 생긴 자아상에 난 흠집을 재평가하는 일이다. 현재의 자아가 이상적 자아와 일치하지 않는 것을 용서하는 일이다. 자신의 모습을 아무런 조건 없이 있는 그대로 받아들여 자신을 좋아하게 하는 것이다. 물론 우리는 항상 이상적 자아를 현실로 만들기 위해 애쓴다. 그래서 현실적 자아는 대부분 한 걸음 뒤로 처져 절뚝거리며 이상적 자아를 따라간다. 지구상 대부분의 사람들에게서 볼 수 있는 현상이다.

더 많은 삶의 만족을 위한 열쇠는 현재 자신의 모습을 받아들이고 좋아하는 것에 있다. 모순적으로 들릴지 몰라도 자신의 잘못이나 기대를 실망시켰다고 불평하기보다 있는 그대로 받아들여야 발전 가능성이 높아진다. 불평만 하는 사람은 자신에게 스트레스만 주며 몇 날 며칠이고 불쾌함과 짜증 속에 살아야 한다.

우리는 자기 인정을 통해 결함을 찾는 것에서 발전을 지향하는 자세로 나아갈 수 있다. 결함을 찾는 자세는 자신을 인정하기 위해서는 어떤 일들을 해내야만 한다고 생각한다. 그에 반해 발전을 지향하는 자세는 자신의 현재 모습 그대로 괜찮다고 받아들이며, 발전을 위해 많은 가능성들을 열어 둔다. 이런 관점은 하늘과 땅 차이다.

생각할 거리

현재의 자아상을 강화시킬 다양한 가능성이 있다. 다음의 방법을 한 번 시행해 보자.

- 현재 당신의 모습을 떠올려 보자. 자신을 어떻게 특징짓겠는가? 스

스로를 어떻게 생각하는지, 현재 당신의 장점과 단점이 무엇이라고 생각하는지 적어 보자.
- 주변 사람들에게 당신을 보면 어떤 긍정적인 면이 생각나는지 물어 보자.
- 다른 사람들이 부정적인 반응을 보이면 그들이 처한 상황과 관련지어 보자. 그들의 의견은 자기 이익을 우선으로 놓고 생각하는 것이다. 당신이나 당신의 능력 자체와는 아무 상관이 없는 경우가 많다.

가치 평가란 늘 주관적이라는 것도 염두에 두기 바란다. 동일한 사실이라도 5명에게 각기 다르게 해석될 수 있다. 당신과 다른 사람을 비교하기 전에 다음의 질문을 스스로에게 던져 보자.

- 그것이 얼마나 중요한가?
- 다른 사람과 보조를 맞추기 위해 시간, 돈, 에너지를 투자할 가치가 있는가? 아니면 당신에게는 다른 목표가 더 중요한가?

물론 자신의 생각과 기대에 못 미치는 일은 늘 일어난다. '이상적 자아'와 '현실적 자아'가 일치하지 않는 일도 자주 있다. 누구에게나 마찬가지다. 차이를 놓고 자신을 비난하는 대신 '이상적 자아'를 위해 인내심을 길러야 한다. 부족하다고 느끼는 부분을 유머러스하게 보는 여유를 갖는 것이 바람직하다.

자신을 독특한 개성이 있는 존재로 여겨야 한다. 재능과 장점만이 아니라 약점, 부족함, 단점을 가진 인격체 그대로 받아들인다면 다른 사람을 덜 질투하게 된다. 자신의 모든 것을 좋아하고 존중한다면 말이다. 다른 사람은 물론이고 자신을 볼 때도 특정 측면에만 집착하지 않고 전체 숲을 보는 것이 중요하다.

영어 발음은 각자가 사는 지역의 언어 영향으로 이상하게 들리는데, 그 때문에 동료들이 놀랄 수도 있다. 그럼에도 당신은 완벽한 영국식 발음을 구사하는 동료보다 빨리 영국의 사업 파트너와 공통의 화제에 도달할 수도 있다. 동료들 모두가 당신보다 어리고 매력적이라도, 해당 분야에서는 당신이 훨씬 능력이 있고 많은 경험을 가졌을 수 있다. 당신의 의견이 보다 중요한 역할을 할지 모른다.

우리는 내내 자신과 함께한다. 자신 이외에 그렇게 많은 시간을 함께 보내는 사람은 세상에 없다. 자신에게 가장 가까운 사람은 '나'이다. 그러니 자기 속에 좋은 분위기를 만드는 과정이 왜 필요하지 않겠는가. 자신을 온전히 받아들이고 보살피는 데 적극적으로 노력하면 타인의 현재 모습, 능력이나 소유물을 사심 없이 바라봐 줄 수 있다. 그런 노력을 기울이면 '부족하다'는 고통스러운 감정이 사라지고, 내적 평화의 기운이 든다. 그러려면 자신의 약점, 한계와 화해하고 과거의 잘못된 결정을 더 이상 나쁜 것으로만 생각하지 않아야 한다.

03
자기 약점, 한계와 화해하기

　자신의 질투심을 부인하거나 외면하지 않고 인정하면 슬픔, 두려움, 분노와 같은 고통스런 감정과 마주한다. 때로는 빠르게 번갈아 가며 나타날 것이다. 의식 뒤편에 막아 두었던 기억들 역시 올라올 것이다. 주로 실패했던 경험, 무시당하거나 부당한 일을 당했던 경험, 분노를 느낌에도 무기력했던 상황들이다. 더 이상 경험하고 싶지 않은 느낌들이다. 유쾌하지 않음은 당연하다. 이런 경험들은 당시 결핍되어 있었거나 근본적으로 결핍이 있었음을 보여 주어 우리를 아프게 한다.

분노, 슬픔, 두려움

분노, 두려움, 슬픔 등의 강렬한 감정들을 어떤 방식으로 마주하는가. 대답 속에 질투 상황을 관통하는 하나의 단서가 존재할지 모른다.

롤란트는 사교계 사람들과 교류하는데, 연회에 초대받아 갈 때마다 질투심을 느낀다. 그는 부유한 건축업자이며, 많은 프로젝트들을 성공적으로 해낸 사람이다. 그의 질투는 대학 교육을 받은 사람들에게로 향한다. 그는 그들 앞에서 자신이 서툴고 무기력하다고 느낀다. 그럴 때면 화가 났고 분노를 억누르기 위해 애썼다. 사교에서 전혀 당황하지 않고 익숙하게 행동하는 사람들, 재치 있는 입담을 펼치며 대화하는 사람들에 대한 분노를 애써 눌렀다.

카르멘은 젊고 매력적인 여성들 때문에 고통받는다. 그녀는 40대 후반으로, 매력적이지 않다고 하기 어려운 외모를 가졌다. 그럼에도 자신감을 가지고 씩씩하게 자기 길을 가는 젊은 여성들을 보면 괜히 자신의 과거가 의식되었다. 자신이 놓친 기회와 과거에 잘못 내린 결정들이 강하게 떠올랐다. 그녀는 늘 자신에게 불만족스러웠다. '시간을 되돌릴 수만 있다면 모든 것을 지금과는 다르게 했을 텐데'라고 자주 생각했다.

> 생각할 거리

- 당신이 특별히 질투심을 강하게 느끼는 상황들을 떠올려 보자. 그 상황들에는 어떤 공통점이 있는가? 있다면 무엇인가
- 질투의 원인을 비교해 보자. 질투를 일으키는 어떤 유형을 발견하는가? 공통의 '주제'가 발견되는가

롤란트와 카르멘은 과거의 잔해를 현재에도 질질 끌고 다니고 있다. 자신들의 질투심을 긍정적으로 변화시키지 않는 한 앞으로도 계속 그럴 것이다.

롤란트는 수공업 기술자 집안 출신으로 마스터 과정을 마쳤고, 고도의 근면과 위험을 감수하는 용기로 성공을 거두었다. 그는 자부심을 느낄 만한 정당한 이유가 있으며, 실제로도 자부심을 느끼고 있었다. 그럼에도 '금 수저를 입에 물고 태어난' 사람들만 보면 악의를 품었다. 그들이 자란 환경에서는 대학 교육이 당연했지만, 자신은 좋은 성적에도 인문계 고등학교에 갈 수 없었기 때문이다. 아직까지도 그는 자신의 아버지를 원망했다.

카르멘은 다른 사람들의 요구를 모두 충족시켰는지에만 신경 쓰느라 '낭비한 그녀의 표현을 빌자면 인생' 때문에 한탄하고 있었다. 그녀는 입버릇처럼 '난 정말 멍청했어'라고 말한다. 뒤이어 나오는 말은 '그때 내가……했더라면'이라는 푸념이다.

가능성을 놓치고 기회를 이용하지 못했다는 평가가 맞을 때도 있지만, 그렇지 않은 경우도 많다. 롤란트의 경우, 마음속으로 아버지와 계속 싸운다고 해서 이득 보는 것은 아무것도 없다. 카르멘도 마찬가지다. 지난 30년간 인생을 아무것도 아니라고 취급한다고 해서 지금의 삶이 달라지지는 않는다.

삶은 우리가 원하는 대로 되지 않는 경우가 많으며 공평하지도 않다. 가슴을 답답하게 하는 것에서 가벼워지기 위해서는 고백이 필요하다. 지나간 일을 슬퍼하도록 자신에게 기회를 주고, 과거로부터 어떤 영향을 받았는지 자신에게 고백해야 한다. '대학 나온 사람들은 혼자 잘난 척하는 인간들이야. 나는 그런 사람들과 어울릴 일이 없어서 다행이야'라고 하거나, '그저 순한 양이었으니 나한테 그런 일이 일어났지'라며 자신의 감정을 부정하면 갈등만 악화될 뿐 도움이 되지 않는다.

능력을 펼치지 못한 이유가 다른 사람 때문이었는지 '부모님이 더 좋은 분이셨다면', '더 나은 교사를 만났다면', '진짜 친구가 있었다면', 혹은 자신의 심각한 오판으로 발전을 가로막았는지 '그때 내가 그러지 않았더라면' 하는 소득 없는 고민으로부터 빠져나오는 유일한 길은 과거와 화해하는 것이다. 과거를 고치기는 불가능함을 깨닫고 현재 모습 그대로 사물을 받아들여야 한다.

이 방법은 갖은 노력을 다해도 실현될 수 없는 소망에도 해당된다. 우리는 원하는 모든 것을 다 이룰 수 없다. 어느 때에 가서는 한계에 부딪히기 마련이다. 아이를 갖고 싶지만 갱년기가 시작되기까지 아무 소식이 없는 부인은 임신의 꿈을 포기해야 한다. 갑작스러운 질병으로 커리어를 위해 올라가던 사다리에서 미끄러져 내려와야 하는 사람도 있다. 꿈에 그리던 최고의 실적을 보이기에는 재능이 부족한 사람도 있다. 그냥 받아들이기에는 너무 힘든 경험도 있고, 납득하기 어려운 삶의 지혜도 있다. 그럼에도 자기 회의나 원한, 실망에 빠져 허우적거리는 대신, 어렵고 고통스런 경험에 '어떻게든' 마침표를 찍는 사람들도 많다.

상처의 흉터를 그대로 두기

과거의 모습을 있는 그대로 받아들이거나, 원했으나 어떤 이유에서든 가지지 못함을 받아들이면 어떻게 될까? 그러면 막연한 슬픔이 아닌 뚜렷한 이유를 가진 슬픔을 느끼게 된다. 스스로를 인정하고 자신의 감정을 존중하는 행위이며, 자기 연민과는 아무 상관이 없다. 가슴을 답답하게 하는 것이나 이루지 못한 소원에서 벗어나 현재의 가능성으로 눈을 돌리는 데 도움이 된다.

우리는 삶에 행복과 성공 외에도 패배와 실패가 있다는 사실을 알고 있다. 다만 머리로 아는 것과 직접 체험해서 아는 것은 별개의 일이다. 세상에 누가 불운한 사람이라 불리고 싶겠는가.

성공을 모든 것의 기준으로 삼는 사회에서 실패는 금기나 마찬가지다. 질투에 대해 말하기가 금기시되듯이 말이다. 부당한 대우를 받은 경험, 스스로 잘못 내린 결정, 비굴함, 속상함, 자기 잘못, 금지, 차단된 가능성 등 우리를 과거 속에 살게 하는 것들은 많다. 이것들이 잘못된 길인 과거로 우리를 이끄는 이유는 무엇일까? 우리가 과거에 대해 바꿀 수 있는 것이 없음을 알면서도 '과거에 아직 마침표를 찍지 못했기' 때문이다.

과거에 매달려서 살면 과거의 사고방식이 그대로 굳어져 현재의 삶에도 영향을 미친다. 과거의 사고방식이 여전히 옳았다고 생각하기 쉽다. 세상을 과거라는 안경을 통해 보면 지금까지의 괴로웠던 경험들이 과거와 똑같이 반복되는 것처럼 보인다. 물론 삶이 행복하지도, 만족스럽지도 않다. 그런 시각을 가지고 있으면 내면에 감옥이 없는 것 같은 사람들에게 질투를 느끼기 쉽다. 자유를 향한 문은 오래전부터 열려 있었다. 우리가 오랫동안 문의 손잡이를 돌려 보지 않았을 뿐이다.

> 생각할 거리

- 계속해서 머릿속에 떠오르는 어떤 쓰라린 과거가 스스로 부족하고 능력이 모자란다고 느끼게 만드는가?

- 과거 기억들 중 타인에 대한 분노를 강하게 일으키는 것은 무엇인가?
- 과거 기억들 중 자신이 다른 사람에게 질투를 느끼게 하는 기억은 어떤 것인가?
- 과거 기억과 느낌은 언제, 어떤 상황에서 나타나는가?
- 얼마나 자주 나타나는가?
- 과거 기억에 마침표를 찍기 위해 지금까지 당신은 무엇을 했는가? 자신의 극복 방법에 만족하지 않는다면 적극적으로 대처하기 위해 필요한 방법은 무엇일까?

괴로운 기억을 계속해서 불러들이고, 그 익숙한 세계상을 옳다고 믿으며 사는 사람은 에너지를 뺏긴다. 과거의 괴로운 기억으로부터 벗어나 새로운 경험을 하는 데 필요한 필수적인 에너지를 말이다.

04
속상함, 원한, 실망 벗어 버리기

거절당함, 속상함, 실망, 잘못된 결정으로 인한 아픔을 극복하지 못하면 어떻게 될까? 비록 원인이 되는 일이 몇 달 전이나 몇 년 전에 일어났더라도 계속 자기 주위를 맴돈다. 계속해서 기억이 되살아나고, 고통과 원한도 다시 떠오른다. 속 쓰린 경험을 하면 자신이 거부당했을 때의 경험은 부당하고 불공평하며, 다른 사람이 제멋대로 결정한 일이라고 느끼게 된다. 그 상황에서는 다른 사람이 자신보다 많은 힘을 행사할 수 있었고 우월했던 것이다. 이 사실은 우리를 가만히 두지 않는다. 그러면서 여전히 보상받을 것을 요구한다. 지금까지 보상받을 기회가 없었기 때문이다. 그 결과 상처는 오랜 시간이 지났음에도 전과 다름없이 우리 안에서 울부짖으며 마음을 들쑤신다.

원한에서 해방되기

마음에 원한을 품고 있으면 쉽게 화가 나고, 별것도 아닌 일에 공격적으로 반응하기 쉽다. 쉽게 공격적으로 변하는 이유는 언제든 위험에 빠질 가능성이 있다고 믿기 때문이다. 친절한 태도 뒤에 몽둥이가 숨어 있을지도 모른다고 생각하는 것이다. 이런 생각은 쉽게 적대적 질투를 느끼게 만들어 다른 사람과 관계 맺기를 어렵게 한다.

내적인 보상이 주어지지 않는 한 마음속의 가시는 없어지지 않는다. 잠자코 물러날 뿐이다. 다시금 나쁜 기억이 떠오르면 고개를 쳐든다. 원한을 불러일으킨 사건들이 이미 오래전의 일이고, 관계되었던 사람들을 더 이상 만나지 못한다면 어떻게 보상에 대해 이야기할까. 초등학교 4학년 때 자신을 부당하게 대하고, 겁주고, 자격지심을 심어 주어 인문계 고등학교로 진학하지 못하게 만들었던 선생님을 만난다면 어떨까? 다시 만나서 그에게 할 말은 무엇이겠는가? 말을 한다고 있었던 일이 없던 일이 되겠는가?

오랜 시간 동안 원한, 화, 복수심을 떨쳐 버리지 못한다면 그런 감정을 글로 적어 보자. 무엇이 자신을 짓누르고 화나게 하는지 글로 적다 보면 감정 표현에 도움이 된다. 어떤 상처가 자기 삶에, 특히 오늘날 자신의 결정에 여전히 영향을 미치는지 정확히 알게 된다.

> **생각할 거리**

질투심과 관련하여 오늘날에도 여전히 생각나는 과거의 상황을 떠올려 보고 다음의 질문에 답해 보자.

- 과거에 당신을 속상하게 하거나 부당하게 대우해서 지금까지 원망하는 사람이 있는가?
- 있다면 누구이고, 당신은 당시 무엇을 했는가?
- 그들에게 어떻게 복수할지 자주 상상하는가?
- 당신의 머릿속에 당시의 기억을 떠오르게 하는 특정 유발 인자가 있는가?

상처와 결부된 감정을 해소하기가 불가능해 보일 정도로 큰 상처를 준 사람이 있을지도 모르겠다. 그런 경우 생각은 꼬리에 꼬리를 물고 이어진다. 당시 그 사람이 무슨 짓을 했고, 내가 어떻게 반응했으며, 거기에 상대가 어떤 반응을 보였고, 다시 내가 어떻게 대응했는지 떠올린다. 생각의 바퀴가 모두 돌아가면 처음부터 다시 시작한다. 뚜껑이 열리고 곧 폭발할 것처럼 분노도 점점 올라간다.

품고 있는 원한이 너무 거세서 보상받겠다는 생각에만 집착하게 되는 최악의 경우도 있다. 잠재된 공격성이 바깥으로 나오게 되면 위험해진다. 일차적으로 피해를 입는 사람은 자기 자신이다. 괴로운 생각으로부터 벗어나려는 목적도 결국은 자기 자신을 위해서이다. 가장 좋은 방법은 분노의 대상을 마음속에서 용서하는 것이다. 그렇게 하면 무한 반복되는 생각의 바퀴를 멈출 수 있다.

왜 용서를 하면 자유로워지는가?

용서는 자신의 약함을 드러내는 것이 아니다. 오히려 반대이다. 용서는 적대적 질투심과 증오심이 낳는 해로운 결과에서 피해를 입지 않기 위해 복수와 앙갚음을 포기하는 것이다.

미국 스탠퍼드대학의 연구에 의하면, 부당한 대우를 했던 사람을 용서하면 정신뿐 아니라 육체적으로도 이익을 얻는다고 한다. 혈압과 코르티솔 수치가 정상화되고, 만성적 질병은 증세가 경감되며, 면역 체계가 강화된다.

용서란 개방적인 자세를 통해 짐이 되는 과거와 이별하는 행위이다. 과거와 결부된 고통스러운 감정을 돌이켜 이해하다 보면 내면적 거리를 취해 마음의 짐을 덜게 된다. 그렇게 되면 미래도 바라볼 수 있게 된다.

용서의 5단계

1. 현재 상태 점검

거절 또는 무시당하고 비굴함을 느꼈던 상황들을 기억 속에 떠올려 보자. 두려움, 분노, 무기력 등과 연결된 감정도 떠올려 보자. 정확히 어떤 것이 떠올랐는가? 어떤 말, 몸동작, 행위가 불쾌한 것으로 나타났는가? 지금도 생각하면 화가 나는 것을 묘사해 보자. 글로 써 보거나 스케치, 그림과 같이 형태를 지닌 모양으로 감정을 표현해 보자. 재료를 이용해 형상을 빚어 보거나, 콜라주Collage를 해 보자. 그중 당신 마음에 가장 드는 형태를 골라 보자.

2. 자신이 관계된 부분

그런 일이 일어나도록 당신 쪽에서 영향을 미친 것은 없는지 생각해 보자. 어떤 것이 있을까? 과거의 책임을 자신에게 돌리지 않아야 한다는 점에 주의하자. 어디에서 배울 필요가 있는지, 이해가 필요했는지 인식하기 위해 과거를 살피고 이해하는 것이 중요하다.

3. 공감하기

이제 당신을 속상하게 하고, 거부하고, 모멸감을 느끼게 했던 사람들의 입장이 되어 보자. 그들의 입장에서 무엇이 그런 행동을 하도록 했을까? 그들은 어떤 심리적 상황에 있었을까? 당신은 당시 그들의 상황이 약간이라도 이해되는가? 얽힌 사람이 여러 명이면 위 질문들을 한 명씩 대입해 보자.

갈등 상황을 다른 시각에서 바라보고 이해하기는 무척 중요하다. 예를 들어 다른 지원자 때문에 승진이 거부되었다면 당신은 화가 날 것이다. 상사에게 화가 나고, 여러 명의 동료 직원에게도 화가 날지 모른다. 당신을 제치고 승진한 사람을 저주할지도 모른다.

다른 사람의 상황에 감정을 이입해 보면 알게 된다. 왜 당신의 상사가 그런 결정을 내렸는지 이해하게 된다. 그러면 속상한 경험을 보다 잘 극복해 낸다. 특히 다른 사람들의 약점과 부족함, 한계를 알게 되면 용서에 많은 도움이 된다.

4. 상징적 용서

그 사람을 최소한의 원칙상으로 용서할지 결정하라. 이를 위해 당신은 그의 행동이 옳았다고 생각할 필요가 조금도 없다. 그가 보는 대로 사태를 볼 필요도 없다. 그가 왜 그렇게 행동했는지 당신이 납득하는 것이 중요하다. 그 사람과 연결시킬 사진이나 물건을 손에 쥐고 다음과 같이 말해 보자.

"당신이 한 행동은 나에게 고통을 주었고 아프게 했다. 이제 나는 당신이 왜 그렇게 했는지 이해한다. 지금도 공정하고 올바른 것이었다고 생각하지 않지만, 왜 그랬는지는 납득한다."

그리고 이어서 말한다.

"나는 당신을 용서할 준비가 되었다."

내부에서 저항감이 느껴진다면 다음의 말을 덧붙여라.

"어느 정도는……."

아무것도 억지로 하지 말고 자기 안에 용서의 준비가 무르익도록 해야 한다. 위의 말을 여러 번 반복하다 보면 마음의 준비가 될 것이다. 다음에는 마지막 문장을 '대부분은……'이라고 말하게 될 것이다. 나중에는 아무런 조건도 필요하지 않게 되어 용서할 마음의 준비가 쉽게 느껴진다. 조급해하지 말자.

용서는 약함과 아무런 상관이 없음을 반복해서 생각하자. 용서할 수 있다는 것은 그만큼 강하다는 의미이다. 용서는 자신에게 피해를 준 사람에게 계속 속상하게 해도 된다는 허가장을 내

주는 것이 아니다.

5. 정리

용서의 단계를 통과한 자신에게 인정해 주는 말을 하자. 과거의 원한을 덜어 냈다면 자기 안에서 달라진 것이 무엇인지 느껴 보자. 자신에게 선물을 주자. 좋아하는 것으로 스스로에게 상을 주도록 하자.

용서하는 능력을 발전시켜 잘 활용하면 오래된 마음의 짐에서 자유로워진다. 용서하는 연습을 할수록 원한과 괴로움은 줄어든다. 과거와의 소모적인 싸움에 끌려다니지 않아도 된다. 당시의 분노를 현재 상황에 투사할 필요도 없게 된다. 현재 상황을 왜곡해 바라보게 했던 원인을 내려놓게 된다. 과거의 원한이 우리의 사고와 행위에 영향을 미치지 못하면 정말 도움되는 것이 무엇인지, 순간의 스트레스 해소에만 도움되는 것이 무엇인지 객관적으로 결정하게 된다.

용서는 특히 자신과 자기 능력이 부족하다고 평가한 사람들에게 화가 날 때 효과적이다. 물론 우리가 맞고, 그들이 틀렸을지도 모른다. 그럼에도 공격성을 거침없이 표현하는 것은 전혀 도움 되지 않는다. 대부분 더 많은 어려움이 생긴다.

생각할 거리

마음속에서 다른 사람을 향한 분노가 올라오거나 적대적 질투가 느껴진다면 다음을 자문해 보자.

- 당신을 그런 상태로 만드는 것은 정확히 무엇인가?
- 당신보다 우월하다는 이유로 다른 사람을 증오하면 정말 자신에게 도움이 되는가?
- 당신 편에서 능동적으로 할 것이 있는가? 화를 내고 이성적이지 못한 행동을 하는 것, 혈압이 상승하고 면역 체계에 타격을 입는 것 외에 다른 무엇을 할 수 있는가?
- 어떻게 하면 모든 에너지와 집중력을 그 사람에게 쏟지 않고 자신의 계획, 목표, 프로젝트를 실천하는 데 쏠까?
- 다시 자신의 중심에 서기 위해 누가, 무엇이 당신을 도와주겠는가?

분노는 행동의 힘이 된다. 그 힘을 마음속에서 다른 사람과 싸우거나, 실제로 그에게 손해를 입히기 위해 쓰는 대신 자신의 생각, 프로젝트, 목표를 발전시키는 데 사용해야 한다.

행복하다는 것은 자신이 가진 재능을 효과적으로 발휘하
고 있다는 증거이다.
- **아리스토텔레스**

Chapter 7

나만의 길

01
능력과 잠재성을 인식하고 강화하기

삶의 만족은 여러 층위에서 살펴볼 수 있다. 사회적 출신 성분과 환경, 내적 태도와 기준에 좌우된다. 여기에 우리가 살고 일하는 현실적 조건이 하나의 요소로 고려된다.

'만족'이라는 개념을 이해하는 것은 사람마다 다르다. 어떤 사람도 다른 사람과 같지 않다. 삶의 만족에 이르는 길도 제각각이지만, 각자의 상황과 무관하게 도움이 되는 지침들도 존재한다. 지침에 속하는 것이 자기 인정과 과거 상처에서의 해방 6장 참조 이었다. 그 외에 자신의 강점과 능력을 인식하고 사용하기, 자기만의 목표를 정해 진짜 원하는 것을 실현하기 위한 좋은 계획 세우기 등이 있다.

우리는 삶을 성공적으로 이끌어 갈 많은 능력을 가지고 있다. 재능과 능력 중 나열할 만한 것은 우리를 특징짓는 일부뿐이다. 다른 잠재성은 우리 안에 숨겨진 채 잠들어 있다. 그런가 하면 어떤 능력을 자신에게 주어진 특별한 재능임을 의식하지 못하고 사용하는 경우도 자주 있다.

자신이 가진 강점을 정확히 알수록 목표에 집중해 보다 잘 사용하게 된다. 그러면서 다가오는 도전을 잘 극복해 낸다. 자신이 가진 능력과 잠재성의 분석은 직업적으로나 사생활에서 더 높은 만족을 향해 가는 첫걸음이다. 심리학자들은 문제를 해결하고 미래를 만들어 나가기 위해 필요한 요소가 이미 우리 안에 들어 있다고 주장한다.

성공 리스트

예전에 거두었던 성공을 기억해 보자. 어떤 일에 성공했거나, 생각보다 결과가 좋게 나와서 자긍심을 느꼈던 상황들을 목록으로 만들어 보자. 다른 사람들이 당신의 자긍심을 어떻게 생각하는지는 전혀 신경 쓰지 말아야 한다. 중요한 것을 해냈다는 주관적 감정이면 됐다.

모든 의식의 기억은 감정과 한데 녹아 있다. 한 사건에서 느끼는 감정이 강렬했을수록 더 많은 영향을 끼친다.

- 직업적인 성공만 고려하지 말고 잘 극복했던 도전들을 떠올려 보자. 가족이나 건강상의 문제, 위기 사항, 연인 및 부부 사이의 갈등, 당신이 도달한 개인적 목표, 어려운 협상 등도 생각하자.
- 목록 작성에서 범위를 제한하지 말자. 많은 생각이 떠오르면 떠오를수록 좋다.
- 당신에게 중요한 의미라면 작은 성공이더라도 목록에 포함시키자.
- 성공 사례가 얼마나 오래되었는지는 중요하지 않다. 유년 시절과 청소년기, 청년기와 장년기를 거쳐 오늘에 이르기까지 샅샅이 뒤져 보자.
- 해당되는 상황들을 가능한 분명하게 기억해서 당시의 감정 속으로 들어가 느껴 보자.

이런 통찰은 우리가 능력 있는 사람임을 확인하는 데 도움이 된다. 특히 자신이 다른 종류의 일들을 해낼 사람임을 구체적인 예를 통해 분명히 알게 해 준다.

성취에 도달하기 위해 어떻게 했는가. 자신의 어떤 장점들이 사용되었는가. 상황들을 잘 처리했던 것은 자신이 가진 능력 덕분이다. 상황에 요구된 것이 무엇인지 생각해 본다면 자신의 특성 역시 알게 된다.

다음은 성격적 특성에 대한 목록으로, 향후 사고 훈련을 위한 준비 작업이다. 아래 목록은 완전한 것이 아니다. 도전을 극복하고 목표를 달성하기 위해 어떤 특성들이 부각되는지를 가시적으로 보여 주는 것이다.

성격의 특성과 강점의 예

조직 능력	호기심	잘하겠다는 의지, 성공 의지
집중력	창조성	지구력
유연성	세심함	유머
분석적 사고	용기	개방성
자발성	매력	갈등 대처 능력
설득력	신뢰	신빙성
대인 관계 능력	목표 추진 능력	경청 능력
끈기	상냥함	사교력
자신감	좋은 인상	관찰 능력
지도력	인내력	협업 능력
자율성	학습 의욕	결정 능력
평정심	직관	적응 능력
공감 능력	행동력	실험 정신
동기 부여 능력	판단력	사려 깊은
문제 해결	지향적 다양성	빠른 이해력
세계관	정밀성	그 외

성격적 강점과 특성 발견하기

성공 목록의 내용을 다시 살펴보고 각각의 상황에서 어떤 강점, 능력, 재능을 사용했는지 생각해 보자. 행동력, 빠른 이해력, 설득력, 창의력 등 당신이 가진 성격적 장점들 중에서 모든 성공 경험에 발휘된 장점들이 몇 가지 있을 것이다.

- 각각의 성공적 경험에서 발휘되었던 특성들이 무엇인지 밝혀 보자. 몇몇 특성들은 다른 것들보다 자주 나타날 것이다. 반복되는 특성들은 매번 다 기록하기 바란다.
- 이제 당신이 발휘했던 모든 특성들을 가지고 목록을 만들어 보자. 목록에서 가장 자주 나오는 특성은 따로 표시해 보자.

당신은 목록을 작성함으로써 문제를 해결하고 계획을 실천하며 목표를 이루는 과정에서 당신의 어떤 특성이 가장 큰 역할을 하는지 분명히 알게 된다.

우리는 자기의 강점과 특성들을 발휘한 덕분에 지금 이 자리에 있다. 지난 10년 동안 매일 오직 한 가지에 대응해야 할 도전이 있었다고 가정해 보자. 자신의 강점과 특성으로 극복할 수 있었다면 해당 기간 동안 3,652번의 성공을 되돌아보는 셈이 된다.

성공 건수 중 50번에 한 번 정도만 자신에게 의미 있는 성공이라면? 그래도 앞의 목록에 작성할 성공 경험이 벌써 70번이나 된다. 우리는 자신이 얼마나 많은 것을 해냈는지 의식하지 못할 때가 많다. 보통은 우리가 해내지 못했지만 다른 사람은 아는 것, 할 수 있는 것, 하는 것만 생각한다.

자기의 강점과 특성을 바탕으로 능력을 키우기가 여러모로 유용함을 '증명'해 보인 바 있다. 당신이 획득한 졸업장, 증명서, 직함, 지위, 외국어 능력, 구두 표현 능력, 글쓰기 능력, 미술적 능력, 음악적 능력 등이 그런 것들이다. 이제 전문 능력들을 모두 모아 목록으로 만들어 보자.

자신이 가진 전문 능력 살펴보기

다음의 항목을 살펴보고 당신이 어떤 전문 능력을 갖고 있는지 메모해 보자.

- 교육과 관련해 어떤 능력을 보유하고 있으며, 어떤 자격증 증명서, 졸업장, 수료증 등 을 갖고 있는가?
- 지금 종사하는 일에서 특히 어떤 업무를 잘하는가? 어떤 일을 쉽고 재미있게 느끼는가?

- 직업적 경험에서 당신이 배운 것은 무엇인가?
- 당신의 인맥 중 앞으로의 발전에 도움이 되는 사람은 누구인가?
- 지금 당장 직업적으로는 적극 사용되지 않지만, 특별한 지식이나 능력이 있는가? 어떤 분야인가?

당신의 능력을 구체화해 보자. '나는 파워포인트를 잘한다' 대신 '나는 일목요연하고 시각적으로 잘 꾸며진 프레젠테이션에 재능이 있다'라고 하는 식이다. 그러고 나서 여가, 취미, 동호회 활동 등 당신의 지식과 능력이 발휘될 삶의 다른 영역들을 떠올려 보자. 이런 활동에 당신의 어떤 능력과 강점이 발휘될지 적어 보자.

여기에 더해 현재 아직 발휘되지 못하고 묻혀 있는 재능과 능력을 강점 목록에 추가해 적어 보자. 그중 어떤 것은 미래에 인성이나 직업상 발전을 위한 추동력이 될 수도 있다.

자기의 강한 면을 목록으로 작성해 보면 인식의 초점이 질투심으로부터 멀어져 자기 발전 가능성과 기회로 옮겨 간다. 우리는 이제 각자의 강점과 능력에 대한 분명한 그림을 갖게 되었다. 적당한 기회에 다른 사람들에게도 물어보자. 그들과 나의 평가가 비슷한지, 나에게 어떤 다른 강점이 있는지 물어보자. 어떤 장점이 너무나 당연하게 느껴지거나, 어떤 영역에서 아직 더 많이 배워야 한다고 여겨지면 자신이 가진 강점을 미처 보지 못할 수도 있기 때문이다. 이와 같은 '사각지대'는 생각보다 자주 나타난다. 이때는 외부의 시각이 도움이 된다.

외부의 시각

당신이 신뢰하는 사람들에게 당신의 강점을 무엇이라고 생각하는지 시험 삼아 물어보자. 친지, 친구, 동료, 가까운 지인이 적합하다. 중요한 것은 그냥 듣기만 해야 한다는 점이다. 그들이 당신에게 한 말로 토론하려 해서는 안 된다. 특히 다른 사람이 당신의 강점으로 보는 것을 축소하거나 '아니야, 나 잘하지 않아' 상대화시키지 않아야 한다. 타인의 평가에만 집중하고, 그 평가로 인해 당신이 기쁨을 느낀다면 솔직하게 말하자.

당신이 알게 된 사항을 강점과 장점 목록에 추가해 기입하자. 다음의 측면들을 고려해서 목록을 완성하기 바란다.

- 어떤 점에서 다른 사람들로부터 자주 칭찬받거나 감탄을 사는가?
- 다른 사람들은 어떤 문제를 가지고 나에게 조언을 구하는가?

다른 사람들의 평가를 통해 우리는 자신에 대한 시각을 확장시키고 사각지대를 없앨 수 있다. 다른 사람들이 우리의 강점이라고 생각하는 특성들 중에 스스로도 향상시키고 싶은 것이 있다면 금상첨화이다. 지금까지 우리의 모든 능력은 잠재되어 있던 재능을 계속적으로 훈련하고 자주 사용함으로써 얻었다. 말하기와 글쓰기 실력, 자동차 운전, 요리, 컴퓨터 프로그래밍, 대중 연설 등을 생각해 보라. 마찬가지로 우리는 새로 발견한 강점이나 지금까지 잠들어 있던 강점을 적극적으로 발전시킬 수 있다.

강점을 더 강하게

당신의 강점과 특성 목록을 살펴보면서 각각의 항목을 하나씩 점검해 보자. 대단히 잘하거나 월등한 능력을 가졌지만, 그것으로부터 보통의 즐거움만 느끼는 항목들이 있을 것이다. 그런가 하면 훨씬 더 큰 기쁨을 느끼는 항목들도 있다. '그래, 그거야. 나는 그 일이 정말 좋아', '그래, 그거야. 나에게 딱 맞아!' 하는 항목들을 하나씩 짚어 가면서 어떤 항목에서 가장 긍정적인 감정을 느끼는지 주의해서 관찰해 보자. 그 항목들에는 별표를 하도록 하자. 별표 한 항목을 보면서 다음의 질문에 답해 보자.

- 장점과 특성을 주어진 일상에서 얼마나 집중하여 구체적으로 발현하는가?
- 현재도 충분히 발현된다고 생각하는가?
- 그렇지 않다면 자신의 장점과 특성을 발휘하기 위해 직업적, 개인적 환경이 아니면 둘 다 어떤 모습으로 바뀌어야 할까?
- 강점과 특성 중에서 지금까지 당신이 부러워했던 사람들이 갖고 있지 않은 장점은 무엇인가?
- 다른 사람들은 당신의 그런 점을 부러워한다고 생각할 수 있지 않을까?
- 당신에게 중요한 목표를 위해 어떻게 효과적으로 장점과 특성을 발휘할수 있을까?
- 당신의 장점과 특성을 더욱 발전시키기 위해서는 누가, 또는 어떤 것이 도움이 될까?

일에서 자신에게 가장 중요한 강점과 특성을 발휘하여 좋은 반응을 얻는다면 근무 성과와 삶의 만족도가 올라간다. 이런 조건이 현재 주어진 일에서 찾아지지 않는다면 '사랑하라, 바꾸라, 아니면 떠나라'의 법칙이 적용되어야 한다.

- 현재 주어진 직업 환경에 맞춘다. 자신의 장점과 특성을 강하게 발휘할 가능성이 전혀 보이지 않기 때문이다. 대신 사적인 생활에

서 보상할 가능성을 찾아본다.
- 지금 하는 일을 다른 형태로 조직할 가능성이 있다면 이용한다. 좋아하지 않는 업무는 다른 사람에게 맡기고, 자신의 장점과 특성에 맞는 일을 맡는다.
- 현재 하는 일이 전혀 맞지 않는다면, 적응할 수도 변화시킬 방법도 찾을 수 없다면, 방향 설정을 달리하고 강점을 잘 발휘할 새로운 일을 찾는다.

02
목표 설정하기

　자신의 장점과 특성을 잘 알게 된 지금, 그동안 부러워했던 사람이 성취한 것을 꼭 자기도 성취하겠다는 마음은 사라졌을 것이다. 그보다는 자신의 장점과 특성에 맞는, 개인적 만족을 줄 목표에 도달하고 싶다는 욕구를 느꼈을 것이다. 다른 사람이 자신보다 잘하는 것이 사실은 자기가 성취하려는 목표임을 알게 되었을 것이다. 자기가 왜 그런 노력을 기울이는지를 정확히 알고, 목표에 도달하기 위해 어떤 강점과 특성을 발휘해야 하는지도 더욱 잘 알게 되었을 것이다.

행복을 만드는 목표 찾기

로체스터대학의 심리학자 데씨 Edward L. Deci 와 라이언 Richard M. Ryan 의 연구는 장기적으로 삶의 만족을 증가시키는 인생의 목표를 설정하고 열심히 노력하는 것이 얼마나 중요한지를 보여 준다. 우리 문화에서 부와 명성의 획득을 높은 가치로 여기기는 하지만, 그것들이 지속적인 행복과 만족을 느끼게 해 주지는 않는다.

두 학자는 147명의 대학 졸업자들을 상대로 연구했다. 연구를 통해 부와 사회적 지위의 획득이 생각보다 자주 부정적 감정, 스트레스, 불만족을 유발하며 두통과 위장 장애, 탈진과 같은 신체적 문제를 수반함을 보여 주었다. 그러면서 사람을 행복하고 만족스럽게 만드는 것은 개인의 성장, 친밀한 우정 관계, 집단의 소속감으로 밝혀졌다. 두 심리학자는 《인성에 관한 리서치 저널》에 발표한 논문에서 위의 요소들이 인간의 기본적 욕구임을 강조했다.

미국의 심리학자이며 자신의 연구진과 더불어 질투와 시기심에 대해 현재까지의 연구 대부분을 진행한 스미스 Richard H. Smith 도 같은 견해를 보이고 있다. 자기 자신의 삶에 만족하는 사람은 더 많은 부를 가진 사람들에게 질투심을 일으키는 빈도가 낮다는 것이다.

행복과 만족의 감정을 자주 느끼는 사람은 질투를 거의 느끼지 않는다. 만족감을 얻기 위해서는 우리의 목표를 다음과 같이 하는 것이 매우 중요하다.

- 최대한 자신의 강점과 특성이 발휘되도록 설정한다.
- 다른 사람들을 누르고 얻는 성취가 아니라 함께 도달할 목표를 설정한다.

삶이 유한하다는 사실을 자주 돌이켜 생각하면 목표를 실현하기 위한 시간을 더욱 소중히 여기게 된다. 무엇이 우리에게 정말 중요하고, 무엇이 아닌지 잘 알게 된다. 이런 관점에서 '그는 나보다 훨씬 더 쉽게 ……을 해', '그처럼 월급을 많이 받으면 정말 행복하고 만족스러울 거야', '내가 그처럼 영향력 있는 인맥이 있었다면 이렇게 애쓰지 않아도 될 텐데' 등과 같은 생각이 얼마나 할 일 없는 생각인지 알게 될 것이다.

이런 생각은 우리의 능력을 마비시키거나 적대적 감정을 불러일으키며, 수동적으로 만든다. 자기를 위해 무엇을 추진하려는 생각과는 전혀 거리가 멀어진다. 자신만의 재능과 능력에 맞는 목표를 모색하고 일관성 있게 추구하려는 생각은 조금도 하지 않게 된다. 그 사이에 시간은 흘러간다. 우리에게 주어진 생명의 시간이 말이다.

삶의 만족도를 높이기 위한 의지가 있으면 자신을 개인적으로 성장시키는 목표를 정하게 된다. 목표에 도달하기 위해 노력하는 일에 추동력과 에너지를 쓰게 된다.

자신만의 목표 발견하기

잠시 시간을 내서 당신이 삶에서 바꿨으면 하는 것들을 적어 보자. 당신의 의지에 따라 충분히 변화시킬 것들을 찾도록 하자. 10센티미터 더 키가 크겠다거나, 10년 더 젊어지려는 노력은 별 소용이 없다. 앞으로 어떻게 살고 싶은지, 정확히 무엇을 실현하고 싶은지 찾아내도록 하자. 일, 가정, 여가 시간에서 무엇을 바꾸고 싶은가? 이때 당신의 강점과 특성 목록을 참조하자. 이제 다음의 질문에 답해 보자.

- 어떤 사람이었으면 좋겠는가?
- 무엇을 할 수 있으면 좋겠는가?
- 무엇을 가졌으면 좋겠는가?
- 무엇을 성취했으면 좋겠는가?
- 당신은 장기적으로 무엇에 만족을 느낄 것 같은가?
- 나이 들어 삶을 반추하게 된다면 무엇에 자긍심을 느낄 것 같은가?

먼저 개인적 삶의 만족이라는 측면에서 바꿔야 할 것이 무엇인지 모두 적어 보자. 위의 질문 목록은 변화를 가져오겠다는 목표에서 나온 중요하고 가치 있는 것이지만, 모든 목표를 동시에 추구하거나 성취할 수 없다는 사실은 당신도 잘 알고 있다. 한꺼번에 많은 일을 하려고 하면 죽도 밥도 안 된다. 그러니 선택해야 한다. 이제 다음의 질문에 답해 보자.

- 자신에게 가장 중요하거나 해볼 만하다고 생각되는 목표는 무엇인가? 서너 개 정도로 추려 보자.

그런 뒤 따로 적어 보자. 몇 개의 목표만을 추렸다고 해서 당신이 중요하다고 생각한 다른 목표들이 사라진 것은 아니다. 당신이 선택한 목표 중 하나에 도달하면 바로 다른 목표를 골라서 목록을 새로 짤 수 있다.

삶의 변화를 진심으로 원한다면 정성껏 추구해야 한다. 당연히 목표는 장기적이어야 한다. 방향성과 결과는 스스로 정해야지, 바깥에서 정해 주지 않는다. 목표에 다다르면 어떨지 상상해 보자. 자신의 강점과 특성을 살리면서 삶에 주어진 조건과도 잘 맞는 목표를 성취하면 질투를 느꼈던 상대가 자신이 원한 것을 가졌다는 사실도 쉽게 인정하게 된다.

이제 우리는 무엇을 원하는지, 무엇이 행복과 충만감을 주는지 잘 알게 되었다. 원하는 것이 현실이 되도록 우리가 처한 상황에서 어떤 기회를 이용할지도 가늠해 보게 되었다.

목표를 시각적으로 형상화하기

방해받지 않는 시간을 찾아 현재 당신에게 가장 우선적인 목표를 조용히 떠올려 보자.

- 목표를 달성하면 기분이 어떨지 상상해 보자. 어떤 느낌인가? 주변 상황은 어떤가? 무엇을 보고 느끼고 있는가? 정확히 떠올려 보자.
- 미래에 대한 그림을 가능한 생생하게 마음속으로 그려 보자.
- 시간을 들여 모든 것을 하나하나 정확히 보고 느껴 보자. 당신이 보고 듣고 느끼는 것을 감상하자.
- 목표를 달성한 순간의 그림에 하나의 제목을 달아 보자. 어떤 개념이나 표현이 목표 달성 순간의 그림을 가장 정확하게 표현하는가?
- 맞는 제목을 찾으면 별도의 종이나 파일에 제목을 적고, 아래에는

보고 느꼈던 것을 모두 적도록 하자. 세부적인 면에도 주의를 기울이고, 현재형으로 묘사하도록 한다. '봄이다. 나는 창문에 앉아서……'라는 식으로.

- 당신이 시각화한 것을 상징할 대상을 찾아보자. 사진이나 작은 물건이 좋겠다. 이것을 잘 보이는 곳에 두도록 한다.

목표를 실현하기 위해 선택한 상징물이 일상생활의 한 부분으로 깊게 자리 잡히도록 한다. 상징물을 보고 목표와 결부된 긍정적 감정을 자주 느낄수록 효과적이다. 상징물은 연결된 목표에 잘 도달하도록 도와준다. 남과 비교하는 데 썼던 에너지 소비는 일회적 자극만 줄 뿐이다. 장기적인 만족감에는 전혀 도움이 되지 않는다. 이렇게 하면 자신과 다른 사람을 비교하기 위해 썼던 에너지를 줄여 자신에게로 집중시킬 수 있다.

03
행복, 평온, 만족을 향해 다가가기

다음과 같은 특징을 가진 목표는 우리에게 더욱 많은 동기 부여를 심어 준다.

- 위의 생각 연습에서 묘사했던 것처럼 목표에 생각과 이미지를 매우 구체적으로 연결시킬 때. 가능한 최대로 선명하고, 오감을 이용해 목표 달성 순간의 그림을 시각화할 때
- 목표가 쉽지는 않지만, 현실적일 때. 우리 능력을 발휘해서 도달할 수 있는 것들일 때
- 목표를 긍정적이고 짧게, 가능한 최대로 압축해 가시적으로 표현할 때. 도달하고 싶은 바를 아주 구체적으로 정의할 때

- 목표에 언제 도달할지 구체적으로 시간을 생각해서 '언젠가'라는 식으로 막연히 설정하지 않고 언제까지 도달하겠다고 계획할 때. 이때 중요한 것은 현실적인 생각이다. 이상적인 조건만 놓고 생각하면 안 된다. 해야 할 일을 정하는 것은 좋지만, 너무 과도하게 정하면 좋지 않다. 후자는 의욕을 현저히 떨어뜨리기 때문이다.
- 목표까지 중간 단계를 정하자. 적당한 마감 기한을 정해 중간 단계 목표에 도달하는 성취를 느끼면 본래 목표를 향해서 나가는 데 큰 도움이 된다.

목표점으로 이끄는 간략한 지도

당신이 우선순위로 둔 목표 서너 가지에 대해 다음의 점검 목록을 작성하자.

1. 나는 다음의 목표를 실현할 것이다.

_____

목표는 긍정적, 짧고 압축적, 가시적으로 표현할 것

2. 목표를 위해 나는 다음의 강점과 능력을 투입할 것이다.

_____

3. 나는 목표를 _____까지 도달할 것

이다.

4. 중간 단계는 다음과 같다.

　　＿＿＿＿＿＿＿＿까지 나는 ＿＿＿＿＿＿＿＿＿＿＿＿을 끝마칠 것이다.

　　＿＿＿＿＿＿＿＿까지 나는 ＿＿＿＿＿＿＿＿＿＿＿＿을 끝마칠 것이다.

목표를 향해 가는 길에 작은 목표들을 많이 세워 두면 계속 앞으로 나가고 있다는 의식이 강화된다. 작은 단계들은 다루기 쉽지만, 전체 목표를 위해 중요한 역할을 한다. 각각의 단계에 도달하면 우리가 좋아하는 것으로 칭찬하면서 잘했다는 표시를 해줘야 한다. 보상은 계속해서 나아가기 위한 동기 부여를 강화한다. 목표 실현에서 얼마큼 앞으로 나갔는지 알기 위해서는 단계적으로 기록하는 것이 좋다.

수첩에서 성공 기록부로

수첩에 당신의 성공을 매일 기록하여 매우 특별한 성공 기록부를 만들어 보자. 당신이 이룬 모든 것, 큰 발전이든 작은 발전이든 목표에 가까이 가는 데 도움이 되었던 것은 모두 적도록 하

자. 그러면 다음과 같은 장점이 있다.

- 목표를 늘 기억할 수 있다. 얼마나 목표 실현에 가까이 왔는지 실시간으로 알게 된다.
- 저녁에 당신의 행동을 기록한다고 정해 두면 평소 목표 의식이 강해진다.
- 기록부를 넘기면서 당신의 성공을 상상하면 동기 부여에 도움이 된다.
- 직업이든 사생활이든 어떤 일에 도전하게 될 때 성공 기록부에 적힌 몇 가지 경험을 떠올려 보면 매우 도움이 된다. 당면한 일을 잘 처리할 자신감이 강화되기 때문이다.

성공 기록부를 꾸준히 적으면 기록할 내용을 점점 많이 발견하게 된다. 당연하다. 관심을 쏟은 만큼 성장하는 법이며, 목표에 좋은 영향을 미친다. 열심히 목표를 추구하는 중에 다른 사람이 우리와 같거나 비슷한 방법으로 성공할 수도 있다. 그런 상황이 오면 다시 질투심에 빠질 수도 있다. 특히 자기가 바라는 만큼 빨리 진도가 나가지 않으면 더욱 그렇다.

계획을 실현하는 동안 예상치 못한 방해 요소가 나타나거나, 계획에 따른 외적 조건이 달라지면 마음이 심란해진다. 이때에도 질투심이 다시 나타날 수 있음을 항상 염두에 두어야 한다. 질투심이란 불쑥 나타나는 감정이며, 본래 우리의 내면을 구성하는 요소이기 때문이다.

이제 우리는 질투심에 긍정적으로 대처하는 다양한 방법을 알고 있다.

- 질투심을 의식적으로 인정하고, 신체 어디서 질투심이 감지되는지 느낄 것.
- 질투하고 있으며 질투해도 된다고 인정할 것. 질투 때문에 자신이나 질투의 대상을 깎아내리지 말 것.
- 항상 그림의 전체를 보는 습관을 들일 것. 성취를 위해 들였을 수고, 감내해야 했을 불편함을 생각한다. 상대의 강점이 자신의 강점보다 강할지라도 다른 분야에서는 자기가 더 강할 수 있음을 인식할 것.
- 다른 사람이 우리와 다르게 하는 것이 무엇인지 알아보자. 효율적인 방법들을 따라 하면서 실험적으로 자신을 대할 것.
- 성공 여부와 관계없이 자신을 아끼고 좋아한다는 메시지가 담긴 내면의 대화를 나눌 것.
- 자신의 강점과 지금까지 성취하고 극복했던 일을 반복해서 떠올려 볼 것.
- 일상에서 크고 작은 개인적 성공 경험을 만들 것.

목표 실현의 길에서 때로는 지연되기도 한다. 힘든 과정이 생길 수 있다는 것, 후퇴할 수 있다는 것을 미리 염두에 두어야 한다. 쉽지 않은 목표가 문제없이 실현되는 법은 거의 없다. 항상 뜻하지 않은 일과 위험 요소들이 존재한다. 우리는 장애를 극복하면서 많이 배운다. 다양한 경험을 하며 새로운 길과 가능성을 발견한다. 장애에도 불구하고 포기하지 않고 계획을 실현하면 자신감도 향상된다. 성공 기록부에도 큰 소득이 된다.

앞을 향해 내딛는 작은 발걸음이 할 수 있다는 느낌을 강하게 한다. 지금까지 도달했던 것들에서 느끼는 기쁨을 증대시킨다. 우리에게 중요한 것을 현실로 만들 믿음을 굳건하게 해준다. 다른 사람을 질투하며 시간을 보낼 때보다 훨씬 만족스럽다. 당신은 그렇게 생각하지 않는가?